Lewisch/Posamentier

Mathematisches Fachwörterbuch

Ingrid Lewisch, Dr. phil. und Mag. rer. nat., studierte Mathematik und Physik an der Universität Wien. War Professorin an der Pädagogischen Akademie des Bundes in Wien, ist Autorin vieler Schulbücher und fachdidaktischer Schriften für Mathematik und Physik.

Alfred S. Posamentier, M. A. and Ph. D., Professor of Mathematics Education and Dean of the School of Education of the City College of the City University of New York, author and coauthor of numerous mathematics books for teachers and secondary school students.

Ingrid Lewisch
Alfred S. Posamentier

Mathematisches Fachwörterbuch

Englisch – Deutsch
Deutsch – Englisch

VER◆TAS
Gemeinsam besser lernen

1. Auflage 1996 R. Oldenbourg Ges.m.b. H., Wien

© VERITAS-VERLAG, Linz
4. Auflage 2014

Zeichnungen: Dipl.-Ing. Elfriede Bammer

Umschlagentwurf: Katharina Uschan

Herstellung: Grasl Druck & Neue Medien, A-2540 Bad Vöslau

ISBN 978-3-7058-7639-2 Veritas-Verlag
ISBN 978-3-486-58244-4 Oldenbourg Wissenschaftsverlag

Inhalt

Preface / Vorwort

In the past several years, it has become recognized that English is the most widely used international language. Today's students are encouraged to read as many English language books as possible.

To assist in this reading, there is a plethora of dictionaries, translation dictionaries, both in print and in electronic form. These are all fine for general reading. However, when one reads technical material, then a translator dictionary is needed since it provides words either not found in a general dictionary or gives the special technical uses of typical words.

This book is intended to provide support for people fluent in the German language reading English language mathematics books or books closely related to mathematics. Naturally, English speakers can also use this book as an aid to reading German mathematics books.

This book is divided into several parts. There is the English/German and German/English translation section, and a section of common mathematical expressions, so that a reader not only can read and understand the material, but also can learn to "say it correctly".

The book also takes into account the differences between British and American English.

∗

In den letzten Jahren entwickelte sich Englisch immer mehr zur führenden internationalen Sprache. Besonders für Studenten von heute ist es daher notwendig, englische Fachliteratur lesen zu können.

Es gibt eine große Zahl von Wörterbüchern, und zwar sowohl in gedruckter als auch in elektronischer Form. Diese Wörterbücher sind zum Lesen von allgemein gehaltenen Texten geeignet. Für Spezialtexte ist jedoch ein Fachwörterbuch erforderlich.

Dieses Buch dient als Hilfe zum Lesen von Mathematikbüchern oder Büchern mit mathematisch verwandten Inhalten, die in englischer Sprache geschrieben sind. Natürlich können auch Englisch Sprechende das Fachwörterbuch zum Lesen von deutschen Mathematikbüchern verwenden.

Das Buch ist in verschiedene Abschnitte unterteilt. Die beiden Hauptteile sind die Übersetzungen Englisch/Deutsch und Deutsch/Englisch. In einem weiteren Abschnitt sind Schreib- und Sprechweisen von mathematischen Ausdrücken und Redewendungen enthalten, so dass der Benützer einen Text nicht nur lesen und verstehen kann, sondern auch lernt „wie man es richtig sagt".

Auch auf die Unterschiede zwischen dem britischen und dem amerikanischen Englisch wird eingegangen.

The authors / Die Autoren

A. S. Posamentier, New York   Ingrid Lewisch, Wien

1. Teil
Englisch–Deutsch

A

ability   Fähigkeit, Befähigung

abscissa   Abszisse

absent   abwesend, fehlend

absolute   absolut, unbedingt

absolute cell (class) frequency   absolute Klassenhäufigkeit

absolute error   absoluter Fehler

absolute frequency   absolute Häufigkeit

absolute value   Betrag, Absolutbetrag, Absolutwert

acceleration   Beschleunigung

accentuate   betonen, hervorheben

accept   annehmen, akzeptieren

acceptable   annehmbar

accidental   zufällig, unbeabsichtigt

accompany   begleiten

accumulate   sich häufen, anhäufen

accumulation point   Häufungspunkt

accurate   genau, präzise

accustomed   gewöhnt

achieve   zustande bringen, erreichen, erledigen, leisten

achievement   Leistung, Erreichtes

achievement evaluation   Leistungsbeurteilung

achievement oriented   leistungsorientiert

acknowledgment   Anerkennung, Bestätigung

acquire   erlangen, sich aneignen (Wissen)

actual size   Istmaß, tatsächliches Maß

acute   spitz, scharf

acute angle   spitzer Winkel

acute triangle   spitzwinkliges Dreieck

add (add up)   summieren, addieren

addend   Summand

addition   Addition, Vermehrung

addition sign   Summenzeichen, Additionszeichen

addition table   Additionstabelle

adjacent   angrenzend, benachbart

adjacent angle   Nebenwinkel, anliegender Winkel

adjacent side   Ankathete

adjoin   (an)grenzen, beifügen

adjoint mapping   adjungierte Abbildung

adjoint matrix   adjungierte Matrix

advance   vorrücken, Fortschritte machen

affine map   affine Abbildung

affine space   affiner Raum

affinity   Affinität

age group   Jahrgang

aim   Ziel, Absicht

algebra   Algebra

algebra of sets   Mengenalgebra

algebraic   algebraisch

algebraic equation   algebraische Gleichung

algebraic expression   algebraischer Ausdruck

algebraic field extension   algebraische Körpererweiterung

algebraic number   algebraische Zahl

algebraic structure   algebraische Struktur

algebraically closed   algebraisch abgeschlossen

algorithm   Algorithmus

almost all   fast alle

alter   ändern

alternating   alternierend

alternating group   alternierende Gruppe

altitude   Höhe

ambiguous   zweideutig (unklar)

amount   Betrag, Höhe der Summe

amplitude   Amplitude, Schwingungsweite

analog computer   Analogrechner

analysis   Analysis

analysis of variance   Varianzanalyse

analytic function   analytische Funktion

analytic geometry   analytische Geometrie

analyze   analysieren, genau untersuchen

angle   Winkel

　acute angle   spitzer Winkel

　adjacent angle   anliegender Winkel

　alternate-interior angles of parallel lines   innere Wechselwinkel, entgegengesetzte Parallelwinkel

　corresponding angles of parallel lines   gleichliegende Winkel, Stufenwinkel, gleichstimmige Parallelwinkel

　exterior angle   Außenwinkel

included angle   eingeschlossener Winkel
interior angle   Innenwinkel
obtuse angle   stumpfer Winkel
opposite angle   gegenüberliegender
  Winkel
reflex angle   erhabener Winkel
right angle   rechter Winkel
straight angle   gestreckter Winkel
angle bisector   Winkelsymmetrale, Winkelhalbierende
angle of inclination   Neigungswinkel
annually   jährlich
annulus   Ring, Kreisring
antecedent   Vorderglied, Vorgänger, Vor-
  geschichte
anticipate   erwarten, im Voraus tun
anti-clockwise rotation   Drehung entgegen
  dem Uhrzeigersinn (Linksdrehung)
antithesis   Antithese
apex   Gipfel, Spitze
apothem (of a polygon)   Inkreisradius
  (eines regelmäßigen Vielecks)
application   Gebrauch, Anwendung,
  Antrag
application-oriented examples   anwen-
  dungsorientierte Beispiele
apply   verwenden, anwenden
approach   sich nähern, nahekommen
appropriate   passend, geeignet, entsprechend
approximate   annähernd, ungefähr
approximation   Approximation, Näherung
arbitrarily (large/small)   beliebig (groß/
  klein)
arbitrary   willkürlich, eigenmächtig
arbitrary number   unbestimmte Zahl
arc   Bogen
arc cosecant   Arkuskosekans
arc cosine   Arkuskosinus
arc cotangent   Arkuskotangens
arc length   Länge des Kreisbogens
arc secant   Arkussekans
arc sine   Arkussinus
arc tangent   Arkustangens
area   Flächeninhalt, Fläche, Gebiet
  lateral area   Mantelfläche (Seitenfläche)
  surface area   Oberfläche, Oberflächeninhalt
area of a circle   Kreisfläche, Flächeninhalt
  eines Kreises

area of a triangle (quadrilateral)   Flächeninhalt eines Dreiecks (Vierecks)
argue   erörtern, beweisen
argument   Beweisgrund, Argument
arithmetic   Arithmetik
arithmetic mean (average)   arithmetisches
  Mittel, arithmetischer Durchschnitt
arithmetic operation   Grundrechnungsart,
  Rechenoperation
arithmetic problem   arithmetische
  Aufgabe, Rechenaufgabe
arithmetic progression   arithmetische
  Progression
arithmetic sequence   arithmetische Folge
arrangement   Anordnung, Einteilung,
  Abmachung
arrangement according to magnitude
  Anordnung der Größe nach
**arrangement in ascending (descending)
  powers**   Anordnung nach aufsteigenden (absteigenden) Potenzen
array   Ordnung, Aufstellung, Anordnung,
  Verteilung
arrow   Pfeil
arrowhead   Pfeilspitze
ascend   aufsteigen, ansteigen
ascending continued fraction   aufsteigender Kettenbruch
ascending order   aufsteigende Anordnung,
  aufsteigend geordnet
ascending powers   aufsteigende (steigende,
  wachsende) Potenzen
ascending sequence   wachsende Folge
assert   behaupten, geltend machen
assertion   Behauptung, Aussage
assess   einschätzen, bewerten, besteuern
assessment   Einschätzung, Bewertung
assign   zuweisen, zuteilen
assignment   Zuweisung, Aufgabe
associate   verbinden, assoziieren
associative   assoziativ
associative binary operation   assoziative
  binäre (zweistellige) Operation
associative commutative ring   assoziativer
  kommutativer Ring
associative law   Assoziativgesetz, Verbindungsgesetz
associativity   Assoziativität
assume   annehmen, voraussetzen
assumption   Annahme, Voraussetzung
asterisk (*)   Stern, Sternchen

asteroid   Astroide, Sternkurve
asymptote   Asymptote
attain   erreichen, erlangen
attainable   erreichbar
attainable accuracy   erreichbare Genauigkeit
attempt   versuchen, probieren
attention   Aufmerksamkeit
augment   vermehren, vergrößern
augmented matrix   erweiterte Matrix
authenticity   Glaubwürdigkeit, Authentizität
automorphism   Automorphismus
auxiliary   helfend, Hilfs …
auxiliary calculation   Nebenrechnung
auxiliary line   Hilfslinie
auxiliary variable   Hilfsvariable
available   erhältlich, verfügbar
average   Durchschnitt, Mittelwert
averaging   Mittelung, Mittelwertbildung
averaging method   Mittelungsmethode
avoid   vermeiden, ausweichen
axiom of choice   Auswahlaxiom
axiom of countability   Abzählbarkeitsaxiom
axis (x-axis)   Achse (x-Achse)
 imaginary axis   imaginäre Achse
 major axis   große Achse
 minor axis   kleine Achse
 real axis   reelle Achse
axis of symmetry   Symmetrieachse,
Spiegelungsachse

B

bar   Stab, Stange, Balken
bar graph   Balkendiagramm
base (basis)   Basis, Grundlinie, Grundfläche, Grundzahl
basis vector   Basisvektor, Grundvektor
bell-shaped curve   Glockenkurve
benefit   Vorteil, Nutzen, Gewinn
Bernoulli distribution   Bernoulli-Verteilung, Binomialverteilung
beta error   Fehler zweiter Art
better approximation   bessere Näherung
between   zwischen
biased sample   verzerrte (verfälschte)
Stichprobe
biconditional   „genau dann, wenn“, „↔“
bijective   bijektiv, eineindeutig

bijective mapping   bijektive (eineindeutige) Abbildung
bilateral   zweiseitig
bilinear   bilinear
bilinear form   Bilinearform
billion *(Brit.)*   Billion (10^{12})
billion *(Am.)*   Milliarde (10^9)
binary   binär, aus zwei Einheiten bestehend
binary code   Binärcode
binary digit   Binärziffer
binary number   Binärzahl, Dualzahl
binary system   Binärsystem, Zweiersystem
binomial   binomial, zweinamig
binomial distribution   Binomialverteilung
binomial expansion   Binomialentwicklung
binomial series   binomische Reihe
binomial theorem   binomischer Lehrsatz
bisect   halbieren, in zwei Teile schneiden
bisection   Halbierung
bisector   Halbierungslinie
bisector of an angle   Winkelsymmetrale,
Winkelhalbierende
body   Körper
Boolean Algebra   Boole'sche Algebra
border   Rand, Landesgrenze
bordering   Umrandung
bound   Schranke, Grenze; abgrenzen,
beschränken
boundary   Grenze, Begrenzung, Rand
bounded from above or below   nach oben
oder unten beschränkt
bounded interval   beschränktes Intervall
bounded sequence   beschränkte Folge
brace   geschwungene Klammer
bracket   eckige Klammer (*Am.*), runde
Klammer (*Brit.*)
branch   Zweig
branch of hyperbola   Hyperbel-Ast
breadth   Breite
break   Abbruch, Knickstelle, Unstetigkeitsstelle
broken line   Streckenzug
building block principle   Bausteinprinzip
business arithmetic   kaufmännische Arithmetik (Rechnen)
byte   Byte

C

calculate   berechnen, rechnen
calculation   Rechnung

calculation of zeros of polynomials   Nullstellenbestimmung bei Polynomen

calculation with powers   Potenzrechnung

calculation with roots   Wurzelrechnung

calculus   Analysis, Kalkül

   differential calculus   Differentialrechnung

   infinitesimal calculus   Infinitesimalrechnung

   integral calculus   Integralrechnung

calculus of errors   Fehlerrechnung

calculus of probabilities   Wahrscheinlichkeitsrechnung

calipers   Tasterzirkel, Greifzirkel

cancel   kürzen, austreichen

capacity   Inhalt, Volumen, Kapazität

cardinal (number)   Kardinalzahl, Grundzahl

cardinality   Mächtigkeit

Cartesian coordinate system   kartesisches Koordinatensystem

Cartesian product   kartesisches Produkt (von Mengen)

category   Kategorie

catenary   Kettenlinie

Cauchy's criterion for convergence   Cauchy'sches Konvergenzkriterium

Cauchy-Riemann equations   Cauchy-Riemann'sche Differentialgleichungen

cell   Klassenintervall, Zelle

cell frequency   Klassenhäufigkeit

center (*Am.*), **centre** (*Brit.*)   Mittelpunkt

center of gravity   Schwerpunkt

centroid   Schnittpunkt der Schwerlinien (Schwerpunkt)

century   Jahrhundert

certain event   sicheres Ereignis

chain   Kette

chain rule   Kettenregel

challenge   Herausforderung, herausfordern

change in (of) sign   Vorzeichenänderung

character   Charakter, Buchstabe (Schriftzeichen)

characteristic   Charakteristik

chart   Karte, Tabelle, grafische Darstellung

check   überprüfen, kontrollieren

check a calculation   nachrechnen

checkerboard   Damebrett, Schachbrett, Karomuster

checkered   kariert

Chi-square distribution   Chi-Quadrat-Verteilung

Chi-square test   Chi-Quadrat-Test

Chinese remainder theorem   Chinesischer Restsatz

chord (of a circle)   Sehne (Kreissehne)

circle   Kreis

   circumscribed circle   umgeschriebener Kreis, Umkreis

   escribed circle   angeschriebener Kreis, Ankreis

   inscribed circle   eingeschriebener Kreis, Inkreis

   unit circle   Einheitskreis

circle graph   Kreisdiagramm

circular   kreisförmig, rund

circular cone   Kreiskegel

circular cylinder   Kreiszylinder

circumcenter   Umkreismittelpunkt

circumcircle   Umkreis

circumference of a circle   Umfang, Kreisumfang

circumradius   Umkreisradius

closed   abgeschlossen

closed map   abgeschlossene Abbildung

closed set   abgeschlossen Menge

closed with respect to an operation   abgeschlossen bezüglich einer Verknüpfung

cluster point   Häufungspunkt

coefficient   Koeffizient

   undetermined coefficient   unbestimmter Koeffizient

coin   Münze

collapsible compasses   zusammenfallender Zirkel

collection   Sammlung

collinear points   kollineare Punkte

collinearity   Kollinearität

column   Spalte (Kolonne)

combination   Kombination

combination with (without) repetition   Kombination mit (ohne) Wiederholung

combinatorial analysis   Kombinatorik

combine   kombinieren

comma   Komma

commensurable   kommensurabel, vergleichbar, mit gemeinsamem Maß

commensurate   von gleicher Dauer wie, in Einklang stehend (mit), entsprechend

common   gemeinsam

common denominator gemeinsamer Nenner

common divisor gemeinsamer Teiler

common multiple gemeinsames Vielfaches

common tangents gemeinsame Tangenten

commutative kommutativ

commutative field kommutativer Körper

commutative law Kommutativgesetz, Vertauschungsgesetz

commutativity Kommutativität

compare vergleichen

comparison of coefficients Koeffizientenvergleich

comparison test Vergleichskriterium (bei Reihen)

compass Kompass

compasses (pair of) Zirkel

competency Befähigung, Tauglichkeit

complement Komplement, Ergänzung

complementary angle Komplementwinkel

complementary event entgegengesetztes Ereignis

complementary matrix komplementäre Matrix

completeness Vollständigkeit

completion Ergänzung

complex komplex, zusammengesetzt

complex field Körper der komplexen Zahlen

complex number komplexe Zahl

components Komponenten

composite number zusammengesetzte Zahl

compound interest Zinseszinsen

comprehend umfassen, begreifen, verstehen

comprehensive umfassend, inhaltsreich

compute rechnen

computer Rechner, Computer

computer science Computerwissenschaft, Informatik

computer scientist Informatiker

concentrate konzentrieren

concentric konzentrisch

concise kurz, knapp, prägnant

conclusion Schlussfolgerung, Ergebnis

concurrent durch denselben Punkt gehend

concyclic konzyklisch

conditional probability bedingte Wahrscheinlichkeit

conditionally convergent bedingt konvergent

cone Kegel
circular cone Kreiskegel
right cone gerader Kegel
oblique cone schiefer Kegel
truncated cone abgeschnittener Kegel

conic kegelförmig

conic section Kegelschnitt

conic surface Kegeloberfläche

confidence interval Konfidenzintervall

confidence region Konfidenzbereich

congruence Kongruenz
triangle congruence theorems Kongruenzsätze für Dreiecke

congruent kongruent

congruent modulo *m* kongruent modulo *m*

congruent mapping Kongruenzabbildung

conjecture Vermutung

conjugated complex number konjugiert komplexe Zahl

conjunction Konjunktion, „und"-Operation

connected zusammenhängend

conscious bewusst

consider nachdenken, überlegen

consistency Widerspruchsfreiheit

constant Konstante

constant term konstantes Glied

constructibility Konstruierbarkeit

construction Konstruktion

contact Berührung

content(s) Inhalt

contiguity Berührung, Nähe, Nachbarschaft

continued fraction Kettenbruch

continuity Stetigkeit, Kontinuität

continuous stetig, kontinuierlich

continuous distribution stetige Verteilung

continuous process stetiger Prozess

continuous progression stetige Progression

continuum Kontinuum

contradiction Widerspruch

contrapositive sentence Kontraposition, Umkehrung

contribute beitragen, beisteuern

converge konvergieren, streben

convergence Konvergenz
uniform convergence gleichmäßige Konvergenz

convergence criteria   Konvergenzkriterien
convergent   konvergent
converse implication   umgekehrte Implikation, Gegenimplikation, konverse Implikation
converse theorem   Umkehrsatz
conversion   Umrechnung
conversion of units   Umwandlung von Maßeinheiten
conversion table   Umrechnungstabelle
convert   umrechnen, umwandeln
convex   konvex
convex polygon   konvexes Polygon
convolution   Faltung
coordinate   Koordinate
coordinate geometry   Koordinatengeometrie
coordinate plane   Koordinatenebene
coordinate system   Koordinatensystem
coplanar lines   komplanare (in einer Ebene liegende) Geraden
coplanarity   Komplanarität
copy   Exemplar, Abschrift, Kopie
core   Kern
corner   Eckpunkt, Ecke
corollary   Korollar, Folgesatz
correction   Korrektur, Verbesserung
correlation   Korrelation, Wechselbeziehung, Zuordnung
correspondence   (1–1 correspondence)   Korrespondenz, Übereinstimmung (eineindeutige Abbildung)
corresponding   entsprechend, gemäß
   corresponding angles   entsprechende Winkel, gleichliegenden Winkel
coset (or residue class)   Restklasse
cosine (cosine function)   Kosinus (Kosinusfunktion)
cotangent (cotangent function)   Kotangens (Kotangensfunktion)
count   zählen
count backwards   rückwärts zählen
countability   Abzählbarkeit
countable   abzählbar
counterclockwise   entgegengesetzt zum Uhrzeigersinn, Gegenuhrzeigerrichtung
couple   Paar
covariance analysis   Kovarianzanalyse
covariant   Kovariante
cover   Überdeckung

coverage   Reichweite, erfasstes Gebiet, Geltungsbereich
covering   Überdeckung, Überlagerung
criterion   Kriterium, Maßstab
criterion for divisibility   Teilbarkeitskriterium
cross   Kreuz, kreuzen
cross-hatching   Schraffierung
cross product   Kreuzprodukt, vektorielles Produkt, äußeres Produkt
cross section   Querschnitt
cube   Würfel, kubieren, erheben in die dritte Potenz
cubic equation   Gleichung dritten Grades
cubic measure   Raummaß
cubic unit   Volumseinheit
cuboid   Quader
curvature   Krümmung (einer Kurve, einer Fläche)
curve integral   Kurvenintegral
curve of the third degree   Kurve dritten Grades
curvilinear correlation   nichtlineare Korrelation
cusp   Rückkehrpunkt, Scheitelpunkt, Rückkehrspitze
cut   Schnitt
cyclic   zyklisch, periodisch
cyclic group   zyklische Gruppe
cyclic permutation   zyklische Permutation
cyclic points   Kreispunkte
cyclic quadrilateral   eingeschriebenes Viereck
cycloid   Zykloide
cyclotomic equation   Kreisteilungsgleichung
cylinder   Zylinder
cylindrical surface   Zylinderoberfläche

D

dashed   strichliert
data   Daten
dearth   Mangel
decade   Dekade, Jahrzehnt, Zehnergruppe
decagon   Dekagon, Zehneck
decahedron   Dekaeder, Zehnflächner
decimal   Dezimal …
   repeating decimal   periodische Dezimalzahl

decimal expansion Dezimalbruchentwicklung

decimal fraction Dezimalbruch

decimal number Dezimalzahl

decimal place Dezimalstelle

decimal point Dezimalpunkt, Komma

decimal system Dezimalsystem

decipher entziffern, enträtseln

decision Entscheidung

decode dekodieren, entschlüsseln

decomposition Zerlegung

decreasing fallend

decreasing progression fallende Progression

Dedekind cut Dedekind'scher Schnitt

deduction Abzug, Preisnachlass, Schlussfolgerung

deductive proof deduktiver Beweis

deficiency Mangel (an), Fehlen (von)

define definieren

definition Definition

   unambiguous definition eindeutige Definition

degree (order) Grad (Ordnung)

degree of an angle Winkelgrad

degrees of freedom Freiheitsgrade

delete (aus)streichen

denominator Nenner

   common denominator gemeinsamer Nenner

   least common denominator kleinster gemeinsamer Nenner

density Dichte

denumerable abzählbar

dependent abhängig

dependent variable abhängige Variable

depth Tiefe

derivable ableitbar, beweisbar

derivative Ableitung, Differentialquotient

   partial derivative partielle Ableitung

derivative of order first Ableitung erster Ordnung

descendant Nachfolger, Nachkommender

descending order fallende Anordnung

descriptive statistics beschreibende Statistik

design Entwurf, Plan, entwerfen, skizzieren

designation Bezeichnung

desirable wünschenswert, erwünscht

determinant (of the *n*-th order) Determinante (*n*-ter Ordnung)

develop entwickeln

development Entwicklung, Durchführung

deviation Abweichung

   standard deviation Standardabweichung

deviation from the mean Abweichung vom Mittelwert

diagonal Diagonale

diagonal matrix Diagonalmatrix

diagonalization of matrices Hauptachsentransformation von Matrizen

diagram Diagramm

   bar diagram Balkendiagramm

   circle diagram Kreisdiagramm

   line diagram Liniendiagramm

   scatter diagram Streuungsdiagramm, Punktwolke

diameter Durchmesser

difference Unterschied, Differenz

differentiability Differenzierbarkeit

differential Differential

differential and integral calculus Differential- und Integralrechnung

differentiate differenzieren, ableiten

differentiation Differentiation

   partial differentiation partielle Differentiation

differentiation rule Ableitungsregel

digit Ziffer, Stellenwert

   three-digit number dreistellige Zahl

digital computer Digitalrechner

digression Abweichung

dihedral angle Schnittwinkel zweier Ebenen bzw. Kanten

Diophantine equation Diophantische Gleichung

direct direkt

direct proof direkter Beweis

directed line segment gerichtete Strecke

direction Richtung

directrix Leitlinie, Leitgerade, Leitkurve

discontinuous unstetig

discount (rate) Diskont, Preisnachlass (Diskontsatz)

discrete diskret

discrete variable diskrete Zufallsvariable

discriminant Diskriminante

disjoint sets disjunkte Mengen, elementfremde Mengen

dispersion Streuung

displace verschieben, verrücken

dissection Zerlegung

distance   Distanz, Entfernung, Abstand
distinct   verschieden
distortion   Verzerrung
distribution   Verteilung
  binomial distribution   Binomialverteilung
  continuous distribution   stetige Verteilung
  exponential distribution   Exponentialverteilung
  geometric distribution   geometrische Verteilung
  normal distribution   Normalverteilung, Gauß-Verteilung
  uniform distribution   gleichmäßige Verteilung
distributive law   Distributivgesetz
disturb   stören, beunruhigen
divergence   Divergenz
divergent   divergent
divide (by)   teilen, dividieren (durch)
dividend   Dividend
divisibility   Teilbarkeit
division   Division, Teilung
division with remainder   Divison mit Rest
divisor   Divisor, Teiler
  common divisor   gemeinsamer Teiler
  greatest common divisor   größter gemeinsamer Teiler
dodecagon   Dodekagon, Zwölfeck
dodecahedron   Dodekaeder, Zwölfflächner
domain   Bereich (algebraischer), Definitionsbereich, Gebiet
domain of convergence   Konvergenzbereich
domain of a function   Definitionsbereich einer Funktion
domain of integrity   Integritätsbereich
dot product   inneres Produkt (Skalarprodukt)
dotted   punktiert
double   doppelt, zweifach
double cone   Doppelkegel
draw   ziehen, zeichnen
draw a parallel to   eine Parallele ziehen zu
drawing with (without) replacement   Ziehen mit (ohne) Zurücklegen
drill   Übung
duality principle   Dualitätsprinzip
duplication   Verdopplung
duplication of a cube   Würfelverdopplung

E

eccentricity   Exzentrizität
edge   Kante
  lateral edge   Seitenkante
efficiency   Wirksamkeit, Effizienz, Leistungsfähigkeit
eight (eighth)   acht (achte)
eighteen (eighteenth)   achtzehn (achtzehnte)
eighth   Achtel
eighty (eightieth)   achtzig (achtzigste)
element   Element
  neutral element   neutrales Element
  unit element   Einheitselement
elevation   Erhebung, Hebung, Aufriss
eleven (eleventh)   elf (elfte)
eleventh   Elftel
elimination   Elimination, Beseitigung
  process of elimination   Eliminationsverfahren
elimination by comparison   Gleichsetzungsverfahren
emerge   auftauchen, hervorkommen
empirical expectation   empirische Erwartung
empirical variance   empirische Varianz
employ   beschäftigen, einsetzen, benützen, anstellen
empty set   leere Menge
end point   Endpunkt
enrichment   Bereicherung
entire   ganz, völlig, vollkommen, unversehrt, uneingeschränkt
entire function   ganze Funktion
envelope   Einhüllende, einhüllen
envelope of a curve   Hüllkurve
environment   Umgebung
equal   gleich
equal angles   gleiche Winkel
equality   Gleichheit
equate   gleichsetzen
equate to zero   null setzen
equation   Gleichung
  indeterminate equation   unbestimmt Gleichung
  linear equation   lineare Gleichung
  quadratic equation   quadratische Gleichung
  radical equation   Wurzelgleichung
equation in standard form   Gleichung in Normalform

equation of the *n*-th degree   Gleichung *n*-ten Grades
equation with two variables   Gleichung in zwei Variablen
equiangular   gleichwinkelig
equilateral   gleichseitig
equipment   Ausrüstung, Ausstattung, Gerät
equivalence   Gleichwertigkeit, Äquivalenz
equivalence class   Äquivalenzklasse
equivalence relation   Äquivalenzrelation
erase   ausradieren, löschen
error   Fehler
error analysis   Fehleranalyse
error approximation   Fehlerabschätzung
error of observation   Messfehler, Beobachtungsfehler
escribed circle   angeschriebener Kreis
establish   einführen
estimate   (ab-, ein)schätzen
estimation   Abschätzung, Schätzwert
Euclidean division algorithm   Euklidischer Algorithmus
Euclidean geometry   Euklidische Geometrie
Euler line   Euler'sche Gerade
Euler number   Euler'sche Zahl
evaluate   auswerten, berechnen
evaluation   Berechnung, Beurteilung, Auswertung, Evaluierung
even   gerade
   even number   gerade Zahl
   function of even degree   gerade Funktion
event   Ereignis
evidence   Beweis, Beweismittel
examination   Prüfung, Test
example   Beispiel
excircle (escribed circle)   Ankreis (angeschriebener Kreis)
exhibit   ausstellen, zeigen
expansion   Entwicklung, Ausbreitung, Ausdehnung
   binomial expansion   Binomialentwicklung
   decimal expansion   Dezimalbruchentwicklung
expectation   Erwartung
explanation   Erklärung
explore   erforschen, untersuchen
exponent   Exponent, Hochzahl
exponential distribution   Exponentialverteilung
exponential function   Exponentialfunktion
expose   aussetzen

express   ausdrücken
expression   Ausdruck
   algebraic expression   algebraischer Ausdruck
extend   (aus)dehnen, erweitern
extension   Ausdehnung
exterior   Äußeres
exterior angle   Außenwinkel
exterior derivative   äußere Ableitung
exterior point   äußerer Punkt (Teilungspunkt)
external   außen
externally tangent   außenberührend
extreme   extrem
extreme value   Extremwert
extreme with auxiliary conditions   Extremum mit Nebenbedingungen
extremes (term of a proportion)   Außenglieder (einer Proportion)
extremity   Ende, Endpunkt

F

F-distribution F-Verteilung
F-test F-Test
face   Gesicht, Fläche, Außenfläche
face angle   Flächenwinkel
face of a solid   Seitenfläche
factor   Faktor
   common factor   gemeinsamer Faktor
   greatest common factor   größter gemeinsamer Faktor
factor module   Restklassenmodul
factor ring   Restklassenring
factorable   in Faktoren zerlegbar
factorial   Fakultät, faktorielle
factoring   Zerlegung
factorization into prime factors   Primfaktorenzerlegung
failure   Versagen, Misserfolg
fair   einigermaßen gut, nicht übel, gerecht, mittelmäßig
fallacy   Trugschluss, Irrtum
false   falsch
family   Familie, Verwandtschaft, Schar
family of curves   Kurvenschar, Kurvensystem
fault   Fehler
favorable   günstig

favorable event   günstiges Ereignis
fiber   Faser
Fibonacci sequence   Fibonacci-Folge
field   algebraischer Körper, Feld
field extension   Körpererweiterung
fifteen (fifteenth)   fünfzehn (fünfzehnte)
fifth   Fünftel
fifty (fiftieth)   fünfzig (fünfzigste)
figure   Ziffer, Figur
finite   endlich
finite population   endliche Grundgesamtheit
finite series   endliche Reihe
finite-difference method   Differenzenverfahren
first   erste(r)
first term   Anfangsglied
firstly   erstens
five (fifth)   fünf (fünfte)
five times   fünfmal
fixed point representation   Festkommadarstellung
flat rate   Pauschalgebühr
floating point representation   Gleitkommadarstellung
focal distance (in conics)   Brennpunktabstand (bei Kegelschnittlinien)
focal radius   Brennstrahl
focus (in conics)   Brennpunkt (bei Kegelschnittlinien)
fold   falten
foot of a perpendicular   Fußpunkt des Lotes
form   Form, Gestalt
formula   Formel
  quadratic formula   Lösungsformel für quardratische Gleichungen
forty (fortieth)   vierzig (vierzigste)
foster   fördern, begünstigen, unterstützen
four (fourth)   vier (vierte)
fourfold   vierfach
fourteen (fourteenth)   vierzehn (vierzehnte)
fourth   Viertel
fraction   Bruch, Bruchteil
  improper fraction   unechter (uneigentlicher) Bruch
  partial fraction   Partialbruch
  proper fraction   echter Bruch
  rational fraction   rationaler Bruch
  reduced fraction   gekürzter Bruch

fraction bar   Bruchstrich
fraction in lowest terms   gekürzter Bruch
fractional equation   Bruchgleichung
fractional exponent   gebrochener Exponent
frame   Rahmen
frequency   Häufigkeit
frequency curve   Häufigkeitskurve
frequency distribution   Häufigkeitsverteilung
frequency ratio   relative Häufigkeit
frequency table   Häufigkeitstabelle
frontier (boundary)   Rand
frustum of a cone   Kegelstumpf
frustum of a pyramid   Pyramidenstumpf
function   Funktion
  constant function   konstante Funktion
  continuous function   stetige Funktion
  domain of a function   Definitionsbereich einer Funktion
  fractional function   gebrochene Funktion
  graph of a function   Funktionsgraph
  inverse function   Umkehrfunktion, inverse(reziproke) Funktion
  range of a function   Wertebereich einer Funktion
  reciprocal function   reziproke Funktion
  recursive function   rekursive Funktion
  term of a function   Funktionsterm
function of even degree   gerade Funktion
function of odd degree   ungerade Funktion
function of one variable   Funktion einer Variablen
function of several variables   Funktion mehrerer Variabler
function theory   Funktionstheorie
functional   funktional
functional dependence   funktionale Abhängigkeit
functional symbol   Funktionssymbol, Operationszeichen
fundamental   fundamental, grundlegend
fundamental concept   Grundbegriff
fundamental group   Fundamentalgruppe
fundamental integral   Grundintegral
fundamental set   Grundmenge
Fundamental Theorem of Algebra   Fundamentalsatz der Algebra
Fundamental Theorem of Calculus   Fundamentalsatz der Differential- und Integralrechnung

G

Galois theory Galois-Theorie
gap Lücke
Gaussian elimination Gauß'sches Eliminationsverfahren
generate entwickeln, erzeugen
generating function erzeugende Funktion
geometric geometrisch
geometric distribution geometrische Verteilung
geometric mean (average) geometrisches Mittel
geometric progression geometrische Progression
geometric sequence geometrische Folge
geometric series geometrische Reihe
geometry Geometrie
  coordinate geometry Koordinatengeometrie
  hyperbolic geometry hyperbolische Geometrie
  projective geometry projektive Geometrie
given gegeben
goal Ziel
golden section (ratio) Goldener Schnitt
grain Spur, ein Körnchen
graph Diagramm, Graph
graph paper Millimeterpapier, grafisches Papier
graphic solution grafische Lösung
great circle of a sphere Großkreis, Hauptkreis der Kugelfläche
greater than (>) größer als
greater than or equal to (≥) größer oder gleich
greatest common divisor größter gemeinsamer Teiler
greatest common factor größter gemeinsamer Faktor
greatest lower bound untere Grenze, größte untere Schranke
gross earnings Bruttoeinkommen
group Gruppe
  alternating group alternierende Gruppe
  cyclic group zyklische Gruppe
  fundamental group Fundamentalgruppe
group with respect to addition Gruppe bezüglich der Addition
growth Wachstum, Zunahme
guess erraten, vermuten, schätzen

H

half Hälfte, halbieren
half plane Halbebene
half space Halbraum
harmonic harmonisch
harmonic mean harmonisches Mittel
harmonic sequence harmonische Folge
hatching Schraffierung
heads or tails Kopf oder Zahl (*Österr.* Kopf oder Adler)
height Höhe
hemisphere Halbkugel
heptagon Siebeneck
heuristic Heuristik
hexagon Sechseck
hexahedron Sechsflächner, Hexaeder
hint Hinweis
histogram Histogramm, Staffelbild
homogeneous system homogenes Gleichungssystem
homomorphism Homomorphismus
horizontal projection Grundriss
Horner's method Horner-Schema
howler Heuler, grober Schnitzer
hundred (hundredth) hundert (hundertste)
hundredth Hundertstel
hyperbola Hyperbel
hyperbolic hyperbolisch
hyperbolic function Hyperbelfunktion, hyperbolische Funktion
hyperbolic geometry (Lobachevskian) hyperbolische Geometrie (Lobatschewskische)
hypotenuse Hypotenuse
hypothesis Hypothese

I

icosahedron Zwanzigflächner, Ikosaeder
identity Identität, identische Gleichheit
identity element Einselement, Einheitselement
identity matrix Einheitsmatrix
illusory correlation Scheinkorrelation
imaginary imaginär
imaginary axis imaginäre Achse
imaginary number imaginäre Zahl
imaginary part Imaginärteil
imaginary root imaginäre Wurzel

impact   Anprall, Aufschlag, Stoß, Effekt,
  Wirkung
implement   Werkzeug, Gerät, durchführen
implication   Implikation, Folgerung
imply   implizieren, andeuten
improbable   unwahrscheinlich
improper   ungeeignet, unecht
improper fraction   unechter Bruch, uneigentlicher Bruch
improper integral   uneigentliches Integral
improve   verbessern (Kenntnisse)
inaccessible   unzugänglich
incenter   *(Am.),* **incentre** *(Brit.)*   Inkreismittelpunkt
included angle   eingeschlossener Winkel
income tax   Einkommensteuer, Lohnsteuer
incommensurable   inkommensurabel, ohne
  gemeinsames Maß
incompatible   unverträglich
inconsistency   Widersprüchlichkeit, Unvereinbarkeit, Unbeständigkeit
inconsistent equations   unlösbare (unver-
  trägliche) Gleichungen
increase   Steigerung, Erhöhung, zunehmen,
  vergrößern
increasing function   wachsende Funktion,
  steigende Funktion
indefinite integral   unbestimmtes Integral
independent   unabhängig
independent events   unabhängige Ereignisse
independent variable   unabhängige Variable
indeterminate equation   unbestimmte
  Gleichung
indeterminate system of equations   unbestimmtes Gleichungssystem
index set   Indexmenge
indirect   indirekt
indirect proof   indirekter Beweis, Widerspruchsbeweis
induction   Induktion
inequality   Ungleichheit
inequality sign   Ungleichheitszeichen
infinity   Unendlichkeit
initial   anfänglich
initial point   Anfangspunkt
injective   injektiv
inner product (dot product)   inneres Produkt, Skalarprodukt
innumerable   unzählbar
input   Eingabe

inradius   Inkreisradius
inscribe   einschreiben
inscribed circle   eingeschriebener Kreis,
  Inkreis
inscribed triangle (quadrilateral)   eingeschriebenes Dreieck (Viereck)
insert   einfügen
insertion   Einfügung
insoluble   unlösbar
insolvable   unlösbar
inspect   untersuchen
instructions   Vorschrift, Anweisung
insurance statistics   Versicherungsstatistik
integer   ganze Zahl, ganzzahlig
integral   Integral
  definite integral   bestimmtes Integral
  improper integral   uneigentliches Integral
  indefinite Integral   unbestimmtes Integral
integral calculus   Integralrechnung
integral domain   Integritätsbereich (Ring)
integral number   ganze Zahl, ganzzahlig
integrate   integrieren
integration   Integration
integration by parts   partielle Integration
integration technique   Integrationsmethode
intercept   Abschnitt
  x-intercept   Abschnitt auf der x-Achse
intercepted arc   eingeschlossener Bogen
interest   Zinsen, Gewinn, Interesse
interest rate (4 % interest)   Zinssatz (4 %
  Zinsen)
interior   Inneres
interior angle   Innenwinkel
interior point   innerer Punkt (Teilungspunkt)
internal tangency   Berührung von innen
interpolation   Interpolation, Einschalten
  von Zwischenwerten
intersecting lines (planes)   sich schneidende Geraden (Ebenen)
intersecting sets   Schnittmengen
intersection (point)   Schnittpunkt
  point of intersection of the diago-
    nals   Diagonalenschnittpunkt
interval   Intervall
  bounded interval   beschränktes Intervall
  closed interval   abgeschlossenes Intervall
  open interval   offenes Intervall
  unbounded interval   unbeschränktes
    Intervall

introduce   einführen, einleiten
introduction   Einführung, Einleitung
invariant   invariant, unveränderlich
invention   Erfindung
inventive   erfinderisch
inventory   Bestandsaufnahme
inverse   invers, reziprok, umgekehrt
inverse image   Urbild
inverse matrix   inverse Matrix
inverse of a theorem   Umkehrsatz, Umkehrtheorem, Kehrsatz
inverse proportional   indirekt proportional
inverse sentence (proposition)   konträre Aussage
inverse theorem   Umkehrsatz
inverse trigonometric function   inverse trigonometrische Funktion (Arcusfunktion)
inverse value   inverser Wert, Kehrwert, reziproker Wert
inversion formula   Umkehrformel
invertible   invertierbar, umkehrbar
investigate   untersuchen, erforschen
iota   Jota
irrational   irrational
irrational number   irrationale Zahl
isolated point   isolierter Punkt
isomorphism   Isomorphismus
isosceles triangle   gleichschenkeliges Dreieck

J

join   verbinden, teilnehmen
jump   Sprung, Sprungstelle
juxtaposition   Stellen vertauschen (auswechseln)

K

kite   Deltoid, Drachenviereck
klein's four group   Klein'sche Vierergruppe
knowledge   Wissen

L

label   Beschriftung, beschriften
lack (of)   Mangel (an)

Laplace expansion of a determinant   Laplace'scher Entwicklungssatz
last digit   letzte Ziffer, Endziffer
last term   letztes Glied, Endglied
lateral   seitlich
lateral area (or surface)   Mantelfläche, Seitenfläche
lateral edge   Seitenkante
lateral surface   Seitenfläche
lateral surface of a cone   Kegelmantel
lattice   Gitter
lattice point   Gitterpunkt
law   Gesetz
   associative law   Assoziativgesetz (Verbindungsgesetz)
   commutative law   Kommutativgesetz (Vertauschungsgesetz)
   distributive law   Distributivgesetz (Verteilungsgesetz)
law of cosines   Kosinussatz
law of inertia   Trägheitsgesetz
law of large numbers   Gesetz großer Zahlen
law of logic   Gesetz der Logik
law of negation   Verneinungsgesetz
law of sines   Sinussatz
law of tangents   Tangentensatz
leading coefficient   höchster Koeffizient
leading term   Glied mit dem höchsten Exponenten, Leitglied
leap year   Schaltjahr
least common denominator   kleinster gemeinsamer Nenner, Hauptnenner
least common multiple   kleinstes gemeinsames Vielfaches
least squares method   Methode der kleinsten Quadrate
least upper bound   kleinste obere Schranke
left   links
left hand parenthesis   linke Klammer
leg   Schenkel, Kathete
   adjacent leg   Ankathete
   opposite leg   Gegenkathete
Legendre equation   Legendre'sche Differentialgleichung
length   Länge
length of a side   Seitenlänge
length of an altitude   Länge der Höhe
length of an arc   Bogenlänge
less than or equal to ($\leq$)   kleiner oder gleich
level   Niveau
level of significance   Signifikanzniveau

lexicographic order   lexikografische
  Ordnung
like   gleich
like operation   gleichnamige Operation
like power   gleiche Potenz (Glied)
like term   gleichnamiger Term
limit   Grenzwert, Limes
  lower limit   unterer Grenzwert
  upper limit   oberer Grenzwert
limit theorems   Grenzwertsätze
limited   begrenzt
line   Gerade, Linie
  auxiliary line   Hilfslinie
  dashed line   strichlierte Linie
  dotted line   punktierte Linie
  parallel line   parallele Gerade
  perpendicular line   normale Gerade
  skew line   windschiefe Gerade
  solid line   ausgezogene Linie
line graph   Liniendiagramm
line segment   Strecke
line symmetry   Symmetriegerade
linear   linear, geradlinig
linear algebra   lineare Algebra
linear combination   Linearkombination
linear equation   lineare Gleichung
linear mapping   lineare Abbildung
linear measure   Längenmaß
linear regression   lineare Regression
linearly dependent   linear abhängig
linearly independent   linear unabhängig
locus (geometric)   geometrischer Ort
log-log paper   doppelt logarithmisches
  Papier, Potenzpapier
logarithm (natural)   Logarithmus (natürlicher)
logarithm table   Logarithmentafel
logarithmic curve   logarithmische Kurve
logarithmic equation   logarithmische Gleichung
logarithmic spiral   logarithmische Spirale
logical consistency   Folgerichtigkeit
logical deduction   logischer Schluss
longevity   Langlebigkeit
loop   Schlinge, Schleife
loss of information   Informationsverlust
lower bound   untere Schranke
lower limit   unterer Limes, untere Grenze
lower sum   Untersumme

M

machine number   Maschinenzahl
magic square   magisches Quadrat
manifold   Mannigfaltigkeit
many to many mapping   mehrmehrdeutige
  Abbildung
mapping   Abbildung, Zuordnung
  adjoint mapping   adjungierte Abbildung
  affine mapping   affine Abbildung
  bijective mapping   bijektive (eineindeu-
    tige) Abbildung
  closed mapping   abgeschlossene Abbil-
    dung
  congruent mapping   Kongruenzabbildung
  linear mapping   lineare Abbildung
margin   Rand, Seitenrand
marginal distribution   Randverteilung
mark-off   abschlagen
masterly   meisterhaft, meisterlich
mastery   Herrschaft, Beherrschung, Über-
  legenheit
match   passen
math (*Am.*), **maths** (*Brit.*)   Mathe (Mathematik)
mathematical   mathematisch
mathematical analysis   Analysis
mathematical induction   vollständige
  Induktion
mathematician   Mathematiker(in)
mathematics   Mathematik
  higher mathematics   höhere Mathematik
matrix   Matrix
  adjoint matrix   adjungierte Matrix
  augmented matrix   erweiterte Matrix
  complementary matrix   komplementäre
    Matrix
  diagonal matrix   Diagonalmatrix
  identity matrix   Einheitsmatrix
  inverse matrix   inverse Matrix
  singular matrix   singuläre Matrix
matrix algebra   Matrizenalgebra
matrix notation   Matrixschreibweise
matrix representation   Matrixdarstellung
matrix transformation   Matrixtransformation
mature   reif, entwickelt, erwachsen
maximum point   Maximum, Hochpunkt
mean   Mittelwert
  arithmetic mean   arithmetischer Mittel-
    wert

geometric mean geometrischer Mittelwert

harmonic mean harmonischer Mittelwert

mean curvature mittlere Krümmung

mean proportional mittlere Proportionale

mean square deviation mittlere quadratische Abweichung

mean value theorem for integrals Mittelwertsatz der Integralrechnung

measure Maß, Maßeinheit, messen

measurement error Messfehler

medial mittlere

median Median, Zentralwert

median (line) Halbierungslinie, Schwerlinie

member Mitglied

mental calculation Kopfrechnen

mention Erwähnung, erwähnen, betonen

method Methode

least squares method Methode der kleinsten Quadrate

method of approach Näherungsmethode

method of undetermined coefficients Methode der unbestimmten Koeffizienten

metric space metrischer Raum

middle Mitte

midpoint Mittelpunkt, Halbierungspunkt

millennium Jahrtausend

minimal minimal, Mindest …

minimum point Minimum, Tiefpunkt

minuend Minuend

minus sign Minuszeichen

mirror Spiegel, spiegeln

mirror image Spiegelbild

miscalculate verrechnen

missing value fehlender Wert

mistake Irrtum, Fehler

mixed number gemischte Zahl

mode Modus

moderately good einigermaßen gut

module Modul

monotone monoton

monotonically decreasing sequence monoton abnehmende Folge

monotonically increasing sequence monoton wachsende Folge

motion Bewegung

multinomial expansion Polynomialentwicklung

multiple Vielfaches

least common multiple kleinstes gemeinsames Vielfaches

multiplication Multiplikation

multiplication table Einmaleins

multiply multiplizieren

mutual gegenseitig, wechselseitig

mutually exclusive events sich gegenseitig ausschließende Ereignisse

N

n-**gon** *n*-Eck

natural logarithm natürlicher Logarithmus

natural number natürliche Zahl

naught Null

necessary (condition) notwendig, nötig (Bedingung)

negation Negation

negative negativ

negative numbers negative Zahlen

neighborhood Umgebung

Neil's parabola Neil'sche Parabel

nested intervals Intervallschachtelung

nesting Schachtelung

net Netz

net earnings Nettoeinkommen

neutral element neutrales Element

Newton's method of approximation Newton'sches Näherungsverfahren

nine (ninth) neun (neunte)

nineteen (nineteenth) neunzehn (neunzehnte)

ninety (ninetieth) neunzig (neunzigste)

ninth Neuntel

non-degenerate conic nichtentarteter Kegelschnitt

non-Euclidean geometry Nicht-Euklidische Geometrie

non-zero von null verschieden

nonparallel nichtparallel

norm Norm

normal normal, lotrecht, senkrecht

normal distribution Normalverteilung, Gauß-Verteilung

normal form Normalform

normal order natürliche Reihenfolge

normalized polynomial normiertes Polynom

notation Schreibweise, Bezeichnung

null hypothesis Nullhypothese

null set   leere Menge
number   Zahl, Nummer (Adresse)
  algebraic number   algebraische Zahl
  complex number   komplexe Zahl
  decimal number   Dezimalzahl
  imaginary number   imaginäre Zahl
  integral number   ganze Zahl, ganzzahlig
  negative number   negative Zahl
  perfect number   perfekte Zahl
  prime number   Primzahl
  radical number   Wurzelzahl
  random number   Zufallszahl
  rational number   rationale Zahl
  real number   reelle Zahl
  undetermined number   unbestimmte Zahl
  whole number   ganze Zahl
number line   Zahlengerade
number of revolutions   Umlaufzahl
number ray   Zahlenstrahl
number theory   Zahlentheorie
number triple (primitive)   Zahlentripel
  (teilerfremdes)
numerator   Zähler
numerical   numerisch, zahlenmäßig
numerical differentiation   numerische
  Differentiation
numerical integration   numerische
  Integration
numerical order   Zahlenfolge
numerical value   Zahlenwert

O

objective   sachlich, vorurteilslos, Ziel
oblique   schief
  oblique solid   Schiefkörper
observation   Beobachtung
obtuse   stumpf
obtuse angle   stumpfer Winkel
obtuse triangle   stumpfwinkliges Dreieck
occupation   Besetzung, Beschäftigung, Beruf
occupy   besetzen, belegen, beschäftigen
octagon   Achteck, Oktagon
octahedron   Achtflächner, Oktaeder
octal notation   Oktalschreibweise
odd   ungerade
odd number   ungerade Zahl
once   einmal
one   eins

one-to-one correspondence   umkehrbar
  eindeutige Beziehung
one-to-one mapping   eineindeutige Abbildung
one-way classification   Klassifizierung
  nach einem einzigen Merkmal
onto function   surjektive Abbildung
open curve   offene Kurve
operation   Tätigkeit, Arbeitsvorgang
  arithmetical operation   Grundrechnungsart, Rechenoperation
  inverse operation   rückgängig machende
  Rechenoperation
  like operation   gleichnamige Operation
operation with fractions   Bruchrechnung
opposite   gegenüberliegend, entgegenge-
  richtet, gegenüber, Gegenteil, Gegensatz
opposite angle   Gegenwinkel, Scheitelwinkel
opposite sign   entgegengesetztes Vorzeichen
opposite vector   entgegengesetzter Vektor
opposite vertex (of a quadrilateral)
  gegenüberliegender Eckpunkt (bei
  einem Viereck)
optimization   Optimierung
order   Ordnung
  random order   zufällige Reihenfolge
  reverse order   in umgekehrter Reihenfolge
ordered pair   geordnetes Paar
ordinal number   Ordnungszahl, Ordinalzahl
ordinary differential equation   gewöhnliche Differentialgleichung
ordinate   Ordinate
orientation   Orientierung
origin (point)   Anfangspunkt, Ursprung
origin of a coordinate plane   Koordinatenursprung
orthocenter   Höhenschnittpunkt
orthogonal   orthogonal, senkrecht
oscillation   Schwankung, Oszillation
osculating plane   Schmiegeebene
outer   Äußeres, Außen …
outer product of vectors   äußeres Produkt
  von Vektoren
outline   Umriss, Überblick
output   Ausgabe, Leistung, Produktion
overlap   überlappen, übergreifen
overlay   belegen, überlagern
overview   Überblick

P

palindromic number palindrome Zahl
parabola Parabel
parabolic curve parabolische Kurve
parabolic surface parabolische Fläche
paradox Paradoxon
parallel parallel, Parallele
parallel displacement Parallelverschiebung
parallel lines parallele Geraden
parallel translation Parallelverschiebung
parallelepiped Parallelepiped, Parallelflach, Spat
parallelism Parallelität
parallelogram Parallelogramm
parameter Parameter
parametric curve Kurve in Parameterdarstellung
parametric equation Gleichung in Parameterdarstellung
parenthesis (*pl.* **parentheses**) *(Am.)* runde Klammer(n)
parity Parität, Gleichheit
partial partiell, teilweise
partial derivative partielle Ableitung, partieller Differentialquotient
partial differentiation partielle Differentiation
partial fraction Partialbruch
partial fraction expansion Partialbruchzerlegung
partial ordering Halbordnung
partial sum Partialsumme
partition (into classes) Klasseneinteilung
Pascal's triangle Pascal'sches Dreieck
path Weg
pattern Muster, Modell, Vorlage
checkerboard pattern Karomuster
Peano's Axioms Peano-Axiome
pedal curve Fußpunktskurve
pedal triangle Fußpunktdreieck
pencil of lines Strahlenbüschel, Geradenbüschel
pentagon Fünfeck, Pentagon
pentagonal number Fünfeckzahl, Pentagonalzahl
pentahedron Fünfflächner, Pentaeder
percent Prozent
percentage Prozentsatz, Prozentverhältnis
percentage calculation Prozentrechnung

perfect perfekt, fehlerlos, vollkommen
perfect cube vollständige dritte Potenz, vollständiger Kubus
perfect number vollkommene Zahl, perfekte Zahl
perfect square vollständiges Quadrat, Quardratzahl, Viereckzahl
perimeter Umfang, Rand
period Periode
periodic decimal fraction periodischer Dezimalbruch
permutation Permutation
cyclic permutation zyklische Permutation
perpendicular senkrecht, lotrecht, normal, rechtwinklig
perpendicular bisector of line segment Streckensymmetrale
perpendicular lines normale Geraden, rechtwinklige Geraden
perpendicular plane Lotebene
place Stelle
place holder Platzhalter, Variable
place value Stellenwert
plane Ebene, eben, flach
plane trigonometry ebene Trigonometrie
Platonic solid Platonischer Körper, (regelmäßiger) Körper
plot grafische Darstellung, (auf)zeichnen
plotter Drucker
plus sign Pluszeichen, positives Zeichen
point Punkt
initial point Anfangspunkt
singular point singulärer Punkt
terminal point Endpunkt
point of discontinuity Unstetigkeitsstelle
point of inflection Wendepunkt
point of intersection Schnittpunkt
point (pole) of rotation Drehungspunkt, Drehpunkt
point-slope form of a linear equation Punktrichtungsgleichung der Geraden
polar axis Polarachse, Nullstrahl
polar circle Polarkreis
polar coordinates Polarkoordinaten
polar line Polare
polar point Pol
polar triangle Polardreieck
pole Pol, Polstelle
poll Umfrage
polygon Polygon, Vieleck

polygonal number   Polygonalzahl, Vieleckszahl
polyhedron   Vielflächner, Polyeder
polyhedron of *n* faces   *n*-Flächner-, *n*-seiti-
ges Polyeder
polynomial   Polynom
population   Population, Bevölkerung,
Grundgesamtheit
positive   positiv
postassessment   Nachbeurteilung
potency   Stärke, Macht, Mächtigkeit
power (as exponent)   Potenz
power of a point with respect to a circle
Potenz eines Punktes bezüglich eines
Kreises
power series   Potenzreihe
power set   Potenzmenge
practical problem   Sachrechnen
preassessment   Voreinschätzung
preliminary   einleitend, vorbereitend
preparatory   vorbereitend
prevent   verhindern
price   Tarif, Preis
prime   unteilbar, teilerfremd, prim
prime (mark) (′)   Strich (′)
a′   *a prime*   a Strich
a″   *a double prime*   a zwei Strich
prime factor   Primfaktor
prime number   Primzahl
prime pair   Primzahlzwillinge
primitive root   Primitivwurzel
primitive root of unit   primitive Einheitswurzel
principal (financial)   Grundkapital, Kapital
principal axis   Hauptachse
principal axis transformation   Hauptachsentransformation
principle of duality   Dualitätsprinzip
prism   Prisma
right prism   gerades Prisma
oblique prism   schiefes Prisma
truncated prism   abgeschnittenes Prisma
prismatic surface   Prismenoberfläche
probability   Wahrscheinlichkeit
conditional probability   bedingte Wahrscheinlichkeit
theory of probability   Wahrscheinlichkeitsrechnung
probability distribution   Wahrscheinlichkeitsverteilung
problem   Problem

arithmetic problem   arithmetische Aufgabe, Rechenaufgabe
problem solving   Problemlösen
procedure   Verfahren, Vorgehen
process of elimination   Eliminationsverfahren
produce   erzeugen
product   Produkt
product rule   Produktregel
profit   Gewinn, Profit
profit and loss   Gewinn und Verlust
progression   Progression, Verlauf
arithmetic progression   arithmetische
Progression
continuous progression   stetige Progression
geometric progression   geometrische Progression
projection   Projektion
skew projection   Schrägriss, Schrägansicht
projective geometry   projektive Geometrie
projective plane   projektive Ebene
projectivity   Projektivität
prolongation   Fortsetzung, Verlängerung
proof   Beweis
direct proof   direkter Beweis
indirect proof   indirekter Beweis
proof by mathematical induction   Beweis
durch vollständige Induktion
proof of existence   Existenzbeweis
proper   richtig, passend, echt
proper divisor   echter Teiler
proper fraction   echter Bruch
proper subset   echte Untermenge
property   Eigenschaft
proportion   Proportion, Verhältnisgleichung
direct   direkte Proportion
indirect   indirekte Proportion
proportional   proportional, verhältnis-
gleich
propose   vorschlagen
proposition   Vorschlag, Antrag, Satz
protractor   Winkelmesser, Gradbogen
prove   beweisen
Ptolemy's theorem   Ptolemäischer Lehrsatz, Gegensehnensatz
pure   rein
pure imaginary number   rein imaginäre
Zahl
pure quadratic equation   rein quadratische
Gleichung

purpose Zweck, Ziel, Absicht
pyramid Pyramide
   oblique pyramid schiefe Pyramide
   right pyramid gerade Pyramide
   square based pyramid quadratische
   Pyramide
   triangular pyramid dreiseitige Pyramide
Pythagorean theorem Pythagoreischer
   Lehrsatz
Pythagorean triple Pythagoreisches
   Zahlentripel

Q

quadrangle Viereck
quadrant Quadrant, Viertelebene
quadratic quadratisch
quadratic equation quadratische Gleichung
quadratic formula Lösungsformel für
   quadratische Gleichungen
quadratic residue quadratischer Rest
quadrilateral Viereck, Vierseit
   inscribed quadrilateral eingeschriebenes
   Viereck, Sehnenviereck
quantifier Quantifikator
quantity Quantität, Größe
quarter Viertel
quartile Quartil (Streuungsmaß)
quasi gleichsam, ähnlich
quinary notation quinäre Zahlendarstellung (Schreibweise) mit der Basis 5
quindecon Fünfzehneck, Quindekon
quotient Quotient
quotient field Quotientenkörper
quotient of differences Differenzenquotient
quotient rule Quotientenregel

R

radian Radiant (*Zeichen*: rad)
radian measure Bogenmaß
radical Wurzel, radikal
radical equation Wurzelgleichung
radical number Wurzelzahl
radical sign Wurzelzeichen

radical spiral Wurzelspirale
radius (*pl.* **radii**) Radius, Halbmesser
   (*pl.* Radien)
radius of convergence Konvergenzradius
radius of curvature Krümmungsradius
raise erheben
raise the price Warenpreis erhöhen
raising to a power Potenzieren, Erhebung
   zu einer Potenz
ramification Verzweigung
random zufällig
random error Zufallsfehler, statistischer
   Fehler
random event zufälliges Ereignis
random number Zufallszahl
random order zufällige Reihenfolge
random sample Zufallsauswahl, Stichprobe
random variable Zufallsvariable
range Zielbereich, Spannweite, Reichweite
range of a function Wertebereich einer
   Funktion
rank Rang
rank of a matrix Rang einer Matrix
rate Wechselkurs, Tarif, Prozentsatz
rate of growth Wachstumsgeschwindigkeit
rate of interest Zinssatz, Zinsrate
rate of speed Tempo, Geschwindigkeit
ratio Verhältnis
ratio of similitude Ähnlichkeitsverhältnis
ratio test Quotientenkriterium
rational fraction rationaler Bruch,
   kommensurabler Bruch
rational number rationale Zahl
rationalizing (denominator) rational
   machen (Nenner)
ray Strahl
real reell
real axis reelle Achse
real number reelle Zahl
real number system reelles Zahlensystem
real part Realteil
reality Realität
realize verwirklichen
rearrangement Umordnung (z. B. von
   Reihen)
reason ergründen, Grund, Vernunft
reason by induction induktiv schließen
recalculate nachrechnen
reciprocal value reziproker Wert, Kehrwert

reciprocal function   reziproke Funktion
reciprocal ratio   umgekehrtes Verhältnis
record   Aufzeichnung, aufschreiben, protokollieren
recreation   Unterhaltung, Erholung, Entspannung
rectangle   Rechteck
rectangular   rechteckig
rectilinear   geradlinig
recurrence   Wiederkehr, Rekursion
recurring decimal   periodische Dezimalzahl
recursion formula   Rekursionsformel
recursive function   rekursive Funktion
reduce   verkleinern, reduzieren
reduce the fraction   Bruch kürzen
reduced fraction   gekürzter Bruch
refinement   Veredelung, Feinheit, Verfeinerung
reflected image   Spiegelbild
reflection in a line   Achsenspiegelung
reflection in a plane   Spiegelung an einer Ebene
reflex angle   erhabener (überstumpfer) Winkel
reflexive   reflexiv
region   Bereich
regression   Regression, Rückentwicklung
linear regression   lineare Regression
regular   regelmäßig, regulär
regular polygon   regelmäßiges Vieleck, reguläres Polygon
regular polyhedron   regelmäßiger Vielflächner, reguläres Polyeder
regulation   Vorschrift, Regelung
reinforce   verstärken
reject   verwerfen
relation   Relation, Beziehung
equivalence relation   Äquivalenzrelation
unary relation   einstellige Relation
relative   relativ
relative error   relativer Fehler
relative frequency   relative Häufigkeit
relative growth rate   relative Wachstumsrate
relatively closed set   relativ abgeschlossene Menge
relatively consistent   relativ widerspruchsfrei

relatively prime   teilerfremd
relatively prime numbers   relativ prime Zahlen, teilerfremde Zahlen
reliability   Zuverlässigkeit
remainder   Rest (bei Division), Restbetrag
remote   entfernt, abgelegen, gering
renumbering   Umnummerierung
repeating decimal   periodische Dezimalzahl
repetition   Wiederholung
replacement   Ersetzung, Zurücklegen, Rückerstattung
representation   Darstellung
requirement   Anforderung, Bedarf
research   Forschung, wissenschaftliche Untersuchung
residual   zurückbleibend, Rest …
residue (class)   Restklasse
residue theorem   Residuensatz
respect   Rücksicht
with respect to   hinsichtlich, bezüglich
respectively   in dieser Reihenfolge
result   Ergebnis
resultant of vectors   Resultierende, Vektorsumme
retardation   Verlangsamung
reversal of sign   Vorzeichenwechsel, Vorzeichenänderung
reverse order   in umgekehrter Reihenfolge
review   Überprüfung, Rundschau, Rückschau, überprüfen, überblicken
revolution   Drehung
solid of revolution   Drehkörper, Rotationskörper
rhombus   Rhombus, Raute
right   Recht, richtig, recht
right angle   rechter Winkel
right-angled triangle *(Brit.)*   rechtwinkliges Dreieck
right cone   gerader Kegel
right cylinder   gerader Zylinder
right distributativity   rechtsseitige Distributivität
right distributive law   rechtsseitiges Distributivgesetz
right hand parenthesis   rechte Klammer
right identity element   Rechtseinselement, rechtsseitiges Einselement
right inverse   rechtsinvers

right inverse element rechtsinverses Element
right prism gerades Prisma
right triangle *(Am.)* rechtwinkliges Dreieck
rigid motion starre (euklidische) Bewegung
rigorous proof strenger Beweis
ring Ring
root Wurzel
   square root Quadratwurzel
root of unity Einheitswurzel
rotation Drehung
round rund, runden
round number gerundete Zahl
rounding down abrunden
rounding error Rundungsfehler
rounding off runden
rounding up aufrunden
row Reihe, Zeile, Spalte
rule Regel
rule for divisibility Teilbarkeitsregel
rule of thumb Faustregel, über den Daumen gepeilt
ruler Lineal

S

sample Musterbeispiel
sample (statistic) Stichprobe
sample mean Mittelwert der Stichprobe
sample size Stichprobenumfang
sample space Stichprobenraum
sample survey Stichprobenerhebung
sampling Stichprobennahme, Stichprobenentnahme, Stichprobenauswahl
sampling error Stichprobenfehler
scalar Skalar, Zahl
scalar product Skalarprodukt
scalene triangle ungleichseitiges Dreieck
scatter diagram Punktwolke, Streubild, Streuungsdiagramm
schedule Zeitplan, Ordnung, Plan
scheme Schema
scientific notation wissenschaftliche Darstellung (der Zahlen)
score Wertung
search suchen
secant (line) Sekante

secant (secant function) Sekans (Sekansfunktion)
second zweite(r)
secondly zweitens
section Schnitt, Abschnitt
   golden section Goldener Schnitt, stetige Teilung
sector Kreisausschnitt, Sektor
segment Abschnitt
   line segment Strecke
segment of a circle Kreissegment
semi axis Halbachse
semi-major axis große Halbachse
semi-minor axis kleine Halbachse
semicircle Halbkreis
semiperimeter halber Umfang
sense Sinn, Vernunft, fühlen, spüren
sentence Satz, Formel
separability Trennbarkeit, Separabilität
separate getrennt, trennen, zerlegen
sequence Folge, Sequenz
   arithmetic sequence arithmetische Folge
   bounded sequence beschränkte Folge
   convergent sequence konvergente Folge
   divergent sequence divergente Folge
   geometric sequence geometrische Folge
   harmonic sequence harmonische Folge
   unbounded sequence unbeschränkte Folge
sequence of numbers Zahlenfolge
sequence of points Punktfolge
sequence of prime numbers Primzahlenfolge
series Reihe
   arithmetic series arithmetische Reihe
   binomial series binomische Reihe
   geometric series geometrische Reihe
   harmonic series harmonische Reihe
series of numbers Zahlenreihe
set Menge
   closed set abgeschlossene Menge
   disjoint sets elementfremde (disjunkte) Mengen
   fundamental set Grundmenge
   null set leere Menge
   ordered set geordnete Menge
   unordered set ungeordnete Menge
   well ordered set wohlgeordnete Menge
set intersection Durchschnitt, Durchschnittsmenge

set of orderd pairs   Menge geordneter Paare
set theory   Mengenlehre, Mengentheorie
set union   Vereinigung, Vereinigungsmenge
seven (seventh)   sieben (siebente)
seventeen (seventeenth)   siebzehn (siebzehnte)
seventeen sided polygon   Siebzehneck, 17-Eck
seventh   Siebentel
seventy (seventieth)   siebzig (siebzigste)
sexagesimal arithmetic   Sexagesimalarithmetik, Sexagesimalrechnung
sexagesimal system of notation   Sexagesimalsystem
shape   Gestalt, Form
share   Anteil, Teil, teilen
sheet (of paper)   Blatt (Papier)
shortage   Mangel
shortest distance   kürzester Abstand, kürzeste Strecke
side (of a polygon)   Seite (eines Vielecks)
sign   Zeichen
sign of implication (→)   Implikationszeichen
sign of inclusion (⊂)   Enthaltenszeichen
sign of intersection (∩)   Zeichen der Durchschnittsbildung
sign of membership relation (∈)   Zeichen der Elementbeziehung
sign of union (∪)   Zeichen der Vereinigung
similar   ähnlich
similarity   Ähnlichkeit
simple fraction   einfacher Bruch
simplification   Vereinfachung
simplify   vereinfachen
simplifying expressions   Ausdrücke vereinfachen
simultaneous equations   simultane Gleichungen, System von Gleichungen
sine (sine function)   Sinus (Sinusfunktion)
singular matrix   singuläre Matrix
singular point   singulärer Punkt
six (sixth)   sechs (sechste)
sixteen (sixteenth)   sechzehn (sechzehnte)
sixth   Sechstel
sixty (sixtieth)   sechzig (sechzigste)
sketch   Skizze, skizzieren
skew   schräg, schief, asymmetrisch
skew lines   windschiefe Geraden

skew projection   Schrägriss, Schrägansicht
skewness   Schiefe
skill   Können, Sachkenntnis, Geschick
slant   Schräge, schräg
slant height   Seitenhöhe
slant height of a cone   Mantellinie eines Kegels
slant height of a pyramid   Seitenhöhe einer Pyramide
slide rule   Rechenschieber, Rechenstab
slope   Anstieg, Neigung, Steigung
solid   Körper, Festkörper
solid geometry   Geometrie in drei Dimensionen, Stereometrie, Geometrie der Körper
solid of equal volumes   Körper mit gleichem Rauminhalt
solution   Lösung
soluble   lösbar, auflösbar
solvable   lösbar
solve an equation   Gleichung lösen
source   Quelle
space   Raum
spectrum   Spektrum
sphere   Kugel, Sphäre
spherical angle   sphärischer Winkel, Kugelwinkel
spherical cap   Kugelkalotte
spherical center   sphärischer Mittelpunkt
spherical distance   Kugelabstand
spherical excess   sphärischer Exzess
spherical geometry   sphärische Geometrie, Kugelgeometrie
spherical lune   Kugelzweieck
spherical segment of one base   Kugelsegment
spherical segment of two bases   Kugelschicht
spherical shell   Kugelschale
spherical surface   sphärische Fläche, Kugelfläche
spherical symmetry   Kugelsymmetrie
spherical triangle   sphärisches Dreieck, Kugeldreieck
spherical zone   Kugelzone
spiral   Spirale
square   Quadrat, quadrieren
  magic square   magisches Quadrat
square kilometer   Quadratkilometer
square number   Quadratzahl

square root Quadratwurzel
  to get square root of Quadratwurzel-
    ziehen
square unit Flächeneinheit
squaring the circle Quadratur des Kreises
standard deviation Standardabweichung,
    mittlere quadratische Abweichung
**standard equation (equation in
    standard form)** Gleichung in
    Normalform
statistical error zufälliger Fehler, statisti-
    scher Fehler
statistical inference symmetrische Vertei-
    lung
statistician Statistiker
statistics Statistik
step function Funktion mit Sprungstellen
    (Treppenfunktion)
straight gestreckt, gerade
straight angle gestreckter Winkel
straight line Gerade
straightedge Lineal
strength Stärke
strengthen stärken, verstärken
stretch Streckung, strecken
strive sich bemühen, streben
structure Struktur
  algebraic structure algebraische Struktur
subgroup Untergruppe
subscript tiefgestellte Zahl, unterer Index
subsequence Teilfolge
subset Untermenge, Teilmenge
  proper subset echte Untermenge
subspace Unterraum
substitution Substitution, Einsetzung
substitution formula Substitutionsregel
subtend gegenüberliegend
subtract subtrahieren, abziehen
subtraction Subtraktion
subtrahend Subtrahend
successive (aufeinander)folgend
successor Nachfolger
suggestion Vorschlag
sum Summe
  lower sum Untersumme
  partial sum Partialsumme
  upper sum Obersumme
sum of the digits Ziffernsumme, Quer-
    summe
summary Zusammenfassung
summation sign Summenzeichen (Σ)

superposition Überlagerung
superscript oberer Index, hochgestellte Zahl
supplement Ergänzung
supplementary angle Supplementwinkel
supplementary element ergänzendes
    Element
supplies Ausstattung, Ausrüstung
supply Bereitstellung, versorgen, bereit-
    stellen
support unterstützen
surface Oberfläche
  lateral surface Seitenfläche (Mantel-
    fläche)
surface area Oberflächeninhalt
surface integral Flächenintegral
surjective surjektiv
survey Erhebung, Überblick, überblicken,
    abschätzen
surveying Vermessung (Land)
symbolism Symbolik, symbolische
    Darstellung
symmetrical symmetrisch
symmetrical equation symmetrische Glei-
    chung
symmetry Symmetrie
  axis of symmetry Symmetrieachse
  plane of symmetry Symmetrieebene
synthesize künstlich herstellen, zufügen
system System
  coordinate system Koordinatensystem
  decimal system Dezimalsystem
system of equations Gleichungssystem

T

***t*-distribution (Student's)** *t*-Verteilung
    (Student-Verteilung)
table Tafel, Tabelle, Tisch
table of squares Quadrattafel
tail Schwanz
tally chart Strichliste
tan-chord angle Tangentensehnenwinkel
tangent (line) Tangente
tangent (tangent function) Tangens
    (Tangensfunktion)
tangent plane Tangentialebene
tangent vector Tangentenvektor
target Ziel, Zielscheibe
Taylor series Taylor-Reihe
ten (tenth) zehn (zehnte)

tendency   Tendenz
tens digit   Zehnerstelle
tension   Spannung
tenth   Zehntel
term   Glied, Term
like term   gleichnamiger Term
terminal   Grenz …, End …
terminal digit   letzte Ziffer, Endziffer
tessellation   Mosaikarbeit
test   Prüfung, Versuch
tetrahedral angle   Raumwinkel, aus drei
    Kanten gebildeter Winkel
theorem   Lehrsatz
binomial theorem   binomischer Lehrsatz
Pythagorean theorem   pythagoräischer
    Lehrsatz
theorem of proportional segments   Strah-
    lensatz
theory of errors   Fehlerrechnung
theory of numbers   Zahlentheorie
theory of probability   Wahrscheinlichkeits-
    rechnung
thesis   Dissertation
third   dritte(r), Drittel
thirteen (thirteenth)   dreizehn (dreizehnte)
thirty (thirtieth)   dreißig (dreißigste)
three   drei
three times   dreimal
threefold   dreifach
tight   knapp, dicht
tilt   kippen, neigen
times (2 times 3)   mal (2 mal 3)
tool   Werkzeug, Gerät
top   Spitze, höchste Stelle, Gipfel, oberer
    Teil
topic   Thema, Abschnitt, Gesprächsgegen-
    stand
topology   Topologie
torus   Torus, Ringkörper
trait   Merkmal, Charakterzug
trajectory   Bahnkurve
transcendental number   transzendente
    Zahl
transfer   Übertragung
transformation   Umformung, Transforma-
    tion
transitive   transitiv
translation   Schiebung
transversal line   schneidende Gerade
trapezoid *(Am.)*, **trapezium** *(Brit.)*
    Trapez

trial   Versuch, Probe, Prüfung
triangle   Dreieck
acute triangle   spitzwinkliges Dreieck
equilateral triangle   gleichseitiges
    Dreieck
isosceles triangle   gleichschenkliges
    Dreieck
right triangle (Am.), *right-angled triangle*
    (Brit.)   rechtwinkliges Dreieck
scalene triangle   ungleichseitiges Dreieck
triangle inequality   Dreiecksungleichung
triangular   dreieckig, dreiwinkelig
triangular matrix   Dreiecksmatrix
triangular prism   dreiseitiges Prisma
triangular pyramid   dreiseitige Pyramide
trichotomy law   Gesetz der Trichotomie
trigonometric functions   trigonometrische
    Funktionen
trigonometry (plane, spherical)   Trigono-
    metrie (ebene, sphärische)
trihedral   dreiflächig
trihedral angle   Raumwinkel
trilateral   dreiseitig
trinomial   dreigliedrig
trisect   in drei gleiche Teile teilen
trisection   Dreiteilung
trisection of an angle   Winkel-Dreiteilung
truncate   abstumpfen, abschneiden
truncated cone (obliquely)   abgeschnitte-
    ner Kegel (schräg)
truncated cylinder (obliquely)   abge-
    schnittener Zylinder (schräg)
truth table   Wahrheitstafel
tube   Röhre
tubular surface   Röhrenfläche
turn   Drehung, drehen
turn around   umdrehen
twelfth   Zwölftel
twelve (twelfth)   zwölf (zwölfte)
twice   zweimal
two   zwei
two-digit integer   zweistellige (zwei-
    ziffrige) ganze Zahl
type I (II) error   Fehler 1. (2.) Art

U

unambiguous definition   eindeutige De-
    finition
unary relation   einstellige Relation

unbiased erwartungstreu, unverfälscht
unbounded unbegrenzt, schrankenlos
unbounded interval unbeschränktes Intervall
unbounded set unbeschränkte Menge
uncertainty Ungewissheit, Unbestimmtheit
uncountable überabzählbar
undetermined unentschieden, unbestimmt
undetermined coefficient unbestimmter Koeffizient
undetermined number unbestimmte Zahl
undirected ungerichtet
undivided ungeteilt
unequal ungleich
uniform convergence gleichmäßige Konvergenz
uniform distribution gleichmäßige Verteilung, Gleichverteilung
union Vereinigung
union of sets Vereinigungsmenge
uniqueness Eindeutigkeit
unit Einheit
unit circle Einheitskreis
unit element Einselement
unit matrix Einheitsmatrix
unit of length Längeneinheit
unit of measurement Maßeinheit
unit square Einheitsquadrat
unit vector Einheitsvektor
unite vereinigen
unknown Unbekannte
unordered set ungeordnete Menge
unpredictable unvorhersehbar, unberechenbar
unsolvable unlösbare
upper ober, höher, Ober …
upper bound obere Schranke
upper limit oberer Limes, obere Grenze
upper sum Obersumme
utility nützen, Nützlichkeit
utilize (be)nützen

V

valid gültig
valid formula gültige Formel
validate bestätigen, für gültig erklären
valuation Bewertung
value Wert

vanishing line Fluchtlinie, Fluchtgerade
vanishing point Fluchtpunkt
variable Variable
   auxiliary variable Hilfsvariable
   dependent variable abhängige Variable
   discrete variable diskrete Variable
   independent variable unabhängige Variable
   random variable Zufallsvariable
vector Vektor
vector addition Vektoraddition
vector algebra Vektoralgebra
vector calculations Vektorrechnung
vector decomposition Komponentenzerlegung eines Vektors
vector products Produkte von Vektoren
   inner (dot) product inneres Produkt (Skalarprodukt)
   outer (cross) product äußeres Produkt (Kreuzprodukt, vektorielles Produkt)
vector space Vektorraum
verify bestätigen
vertex (vertices) Scheitel, Spitze, Eckpunkt, Ecke
vertical angles Scheitelwinkel
vertical plane Vertikalebene
vertical row (column) Spalte, Kolonne, Vertikalreihe
Vieta's formulae Vieta'scher Wurzelsatz
void set (empty set) leere Menge, Nullmenge
volume Volumen, Rauminhalt
voluntary freiwillig

W

wave Welle
weakening Abschwächung
weakness Schwäche
weight Gewicht
weighted mean (average) gewichtetes Mittel
well-ordered set wohlgeordnete Menge
well defined eindeutig definiert, wohldefiniert
whole number ganze Zahl (im Gegensatz zum Bruch)
width Breite, Weite
withdrawal Rücknahme, Bankguthaben auflösen, Widerrufung

X

x-axis x-Achse
x,y coordinates x,y Koordinaten
xy-plane xy-Ebene

Y

y-axis y-Achse
yield hervorbringen (Ertrag)

Z

zenith Scheitelpunkt, Zenit
zero null
zero divisor Nullteiler
zero element Nullelement
zero of a polynomial Nullstelle eines Polynoms

2. Teil
Deutsch–Englisch

A

Abbildung mapping, map
Abgaben (Steuerabgaben) deduction (tax deduction)
abgeschlossen closed
abgeschlossen bezüglich einer Verknüpfung closed with respect to an operation
abgeschlossene Abbildung closed mapping
abgeschlossene Menge closed set
abhängig dependent
Abhängigkeit dependence
ableitbar deducible, derivable
ableiten derive, deduce, differentiate
Ableitung (Differentialquotient) derivative
  äußere Ableitung outer derivative
  innere Ableitung inner derivative
  partielle Ableitung partial derivative
Ableitung erster Ordnung first order derivative
Ableitungsregel differentiation rule
abmessen measure
abrunden rounding down
abschätzen estimate
Abschätzung estimation
abschlagen (Strecke) mark-off
Abschnitt segment, section
Abschnitt auf der x-Achse x-intercept
abschreiben copy
Abschwächung weakening
Absolutbetrag absolute value
absolute Häufigkeit absolute frequency
absolute Klassenhäufigkeit absolute cell (class) frequency
absoluter Fehler absolute error
Absolutwert absolute value
Abstand distance
abstumpfen (abschneiden) truncate
Abszisse abscissa
Abweichung deviation, deflection, variation
  Standardabweichung standard deviation
Abweichung vom Mittelwert deviation from the mean

abzählbar countable
Abzählbarkeit countability
Abzählbarkeitsaxiom axiom of countability
abzählen count
abziehen subtract, deduct
Achse (x-Achse) axis (x-axis)
  große Achse major axis
  imaginäre Achse imaginary axis
  kleine Achse minor axis
  reelle Achse real axis
Achsenspiegelung line reflection, reflection in a line
Achsensymmetrie axial symmetry, mirror symmetry
acht (achte) eight (eighth)
Achteck octagon
Achtel eighth
Achtflächner (Oktaeder) octahedron
achtzehn (achtzehnte) eighteen (eighteenth)
achtzig (achtzigste) eighty (eightieth)
addieren add
Addition addition
Additionstabelle addition table
Additionszeichen addition sign, plus sign
adjungierte Abbildung adjoint mapping
adjungierte Matrix adjoint matrix
affin affine
affine Abbildung affine map
affiner Raum affine space
Affinität affinity
ähnlich similar
Ähnlichkeit similarity
Ähnlichkeitsverhältnis ratio of similitude
Algebra algebra
algebraisch abgeschlossen algebraically closed
algebraische Gleichung algebraic equation
algebraische Körpererweiterung algebraic field extension
algebraische Struktur algebraic structure
algebraische Zahl algebraic number
Algorithmus algorithm
alternierend alternating
alternierende Gruppe alternating group

Amplitude amplitude
Analogrechner analog computer
analysieren (genau untersuchen) analyze
Analysis analysis, calculus
analytische Funktion analytic function
analytische Geometrie analytic geometry
aneignen (sich) acquire
anfänglich initial
Anfangsglied first term
Anfangspunkt initial point, origin (point)
Anforderung requirement
anführendes Glied leading term
angrenzend adjacent
Ankathete adjacent side
Ankreis (angeschriebener Kreis) excircle
(escribed circle)
annähernd approximate
Annahme acceptance, assumption
annehmbar acceptable
annehmen accept, assume
anordnen arrange, order
Anordnung (Permutation) arrangement
(permutation)
Anordnung der Größe nach arrangement
according to magnitude
Anordnung nach aufsteigenden (absteigenden) Potenzen arrangement in
ascending (descending) powers
Anstieg ascent, rise
Antithese antithesis
Antrag application, motion
Anweisung instruction, assignment
anwenden apply, use
Anwendung application, use
Anwendungsbeispiel application example,
application problem
anwendungsorientiert application-oriented
Anzahl number
Approximation (Näherung) approximation
Approximationsfehler error of approximation
Äquivalenz equivalence
Äquivalenzbeziehung equivalence relation
Äquivalenzklasse equivalence class
Äquivalenzrelation equivalence relation
Arbeit work
Arbeitsablauf process of work
Arbeitsblatt work sheet, activity sheet

Arcusfunktion inverse trigonometric
function
Argument argument
argumentieren argue
Arithmetik arithmetic
arithmetische Aufgabe arithmetic problem
arithmetische Folge arithmetic sequence
arithmetische Progression arithmetic progression
arithmetisches Mittel arithmetic mean
(average)
Arkusfunktion arc function
Arkuskosekans arc cosecant
Arkuskosinus arc cosine
Arkuskotangens arc cotangent
Arkussekans arc secant
Arkussinus arc sine
Arkustangens arc tangent
assoziativ associative
assoziative binäre (zweistellige) Operation
associative binary operation
assoziativer kommutativer Ring associative commutative ring
Assoziativgesetz associative law
Assoziativität associativity
assoziieren associate
Astroide asteroid
Asymptote asymptote
aufeinanderfolgend successive
Aufgabe exercise, task, assignment
Aufgabe zuweisen assign
auflösbar solvable, soluble
auflösen nach solve for
Auflösungsformel für quadratische Gleichungen quadratic formula
Aufmerksamkeit attention
Aufriss elevation, vertical projection
aufrunden rounding up
aufschlagen (Warenpreis) go up, raise (in
price)
aufschreiben write down
aufsteigende Anordnung (aufsteigend geordnet) ascending order
aufsteigende (steigende, wachsende) Potenzen ascending powers
aufsteigender Kettenbruch ascending
continued fraction
aufstellen (Tabelle) construct (a table)
Aufstellung array, table, list, formation,
tabulation, arrangement, itemization

auftauchen (erscheinen) emerge, come up, turn up

aufteilen divide (up), split (up), divide

aufzeichnen draw, sketch, write down, record

Ausdehnung extension, expansion, stretch

Ausdruck term, expression

Ausdrücke vereinfachen simplifying expressions

ausdrücken express

Ausgabe issue, output

ausklammern factor out

ausradieren (löschen) erase

ausrechnen calculate, work out

Ausrüstung equipment, supplies

Aussage statement, proposition

Aussageform open sentence

Ausstattung equipment, supplies

ausstellen write out, exhibit

ausstreichen delete, cancel

Auswahlaxiom axiom of choice

ausweichen (vermeiden) avoid

auswendiglernen memorize

auswerten evaluate, interpret

Auswertung evaluation

außen external

außenberührend externally tangent

Außenglied extreme term of a proportion

Außenwinkel exterior angle

äußere Ableitung outer derivative

äußerer Punkt exterior point

Äußeres exterior, outer

Authentizität (Echtheit) authenticity

Automorphismus automorphism

Axiom axiom

B

Bahnkurve trajectory

Balkendiagramm bar graph

Basis base, basis

Basisvektor basis vector

Baumdiagramm tree diagram

Bausteinprinzip building block principle

bedeutend important, significant, outstanding

bedingt konvergent conditionally convergent

bedingte Wahrscheinlichkeit conditional probability

Bedingung condition

Bedürfnis (nach) need (for), requirement

Befähigung ability, talent, qualification

begabt gifted

begleiten accompany

begreifen understand, comprehend

Begrenzung boundary, limit

Begriff concept, term, expression

Begründung reason, justification, explanation

begünstigen foster

Behauptung assertion, claim

Beherrschung mastery

Beispiel (zum Beispiel) example (for example, for instance)

beisteuern (beitragen) contribute

belegen overlay

beliebig (groß/klein) arbitrarily (large/small)

benachbart neighboring, adjacent

benützen use, utilize

Beobachtung observation

Beobachtungsfehler error of observation

berechnen calculate, compute, evaluate

Berechnung calculation, computation, evaluation

Bereich area, region, field

Bereich (algebraischer) domain

Bereicherung enrichment

Bernoulli-Verteilung Bernoulli distribution

Berührung contact, touch, contiguity

Berührung von innen internal tangency

Berührungspunkt point of tangency

beschäftigen employ, occupy

Beschleunigung acceleration

beschränkt bounded

beschränkte Folge bounded sequence

nach oben beschränkte Folge bounded sequence from above

nach unten beschränkte Folge bounded sequence from below

beschreibende Statistik descriptive statistics

beschriften label

Besserung improvement

Bestandsaufnahme inventory

bestätigen verify, validate, confirm

betonen accentuate, mention

Betrag (einer Rechnung) amount

Betrag (einer Zahl) value

Absolutbetrag absolute value

Beurteilung evaluation, assessment, judgment

Bevölkerung   population
Bewegung   movement, motion
Beweis   proof
    direkter Beweis   direct proof
    indirekter Beweis   indirect proof
Beweis durch vollständige Induktion
    proof by mathematical induction
beweisbar   provable
beweisen   prove
Bewertung   evaluation
bewusst   conscious, aware
Bezeichnung   designation
bijektiv   bijective
bilinear   bilinear
Billion (10^{12})   trillion *(Am.)*, billion *(Brit.)*
Binärsystem   binary number system
Binomialentwicklung   binomial expansion
Binomialverteilung   binomial distribution
binomische Reihe   binomial series
Binomischer Lehrsatz   binomial theorem
Blatt (Papier)   sheet (of paper)
Bogen   arc
    eingeschlossener Bogen   intercepted arc
Bogenlänge   length of an arc
Bogenmaß   radian measure
Boole'sche Algebra   Boolean Algebra
Breite   width
Brennpunkt   focus
Brennpunktabstand   focal distance
Brennstrahl   focal radius
Bruch   fraction
    echter Bruch   proper fraction
    gleichnamige Brüche   fractions with a
       common denominator
    unechter Bruch   improper fraction
    uneigentlicher Bruch   improper fraction
Bruch kürzen   reduce the fraction to lowest
    terms
Bruch mit gleichem Nenner   fraction with
    equal denominator
Bruchgleichung   fractional equation
Bruchrechnung   calculation with
    fractions
Bruchstrich   fraction bar
Bruttoeinkommen   gross earnings

C

Cauchy-Riemann'sche Differentialglei-
    chungen   Cauchy-Riemann equations

Charakter   character
Charakteristik   characteristic
Chi-Quadrat-Test   Chi-square test
Chi-Quadrat-Verteilung   Chi-square
    distribution
Chinesischer Restsatz   Chinese remainder
    theorem
Computer   computer
Computerausdruck   computer printout
Computergrafik   computer graphics
Computerspiel   computer game
computerunterstützter Unterricht   com-
    puter-assisted instruction
Computerwissenschaft   computer science

D

Damebrett   checkerboard, chessboard
Darstellung   representation
Datei   file
Daten   data
Dedekind'scher Schnitt   Dedekind cut
deduktiv   deductive
deduktiv schließen   reason by deduction
definieren   define
Definition   definition
Definitionsbereich   domain
Definitionsbereich einer Funktion
    domain of a function
Dekade   decade
Dekaeder (Zehnflächner)   decahedron
Dekagon (Zehneck)   decagon
Deltoid   kite
Determinante (n-ter Ordnung)   determi-
    nant (of the n-th order)
Dezimal ...   decimal
Dezimalbruch   decimal fraction
Dezimalbruchentwicklung   decimal
    expansion
Dezimalpunkt   decimal point
Dezimalstelle   decimal place
Dezimalsystem   decimal system
Dezimalzahl   decimal number
Diagonale   diagonal
Diagonalenschnittpunkt   point of inter-
    section of the diagonals
Diagramm (Graph)   graph
Dichte   density
Didaktik   didactics
Differential   differential

Differentialquotient derivative
Differential- und Integralrechnung differential and integral calculus
Differentiation differentiation
Differentiationsregeln derivative formulas
Differenz difference
Differenzenquotient quotient of differences
Differenzenverfahren method of finite-differences
Differenzierbarkeit differentiability
differenzieren differentiate
Digitalrechner digital computer
Diophantische Gleichung Diophantine equation
direkt direct
disjunkte (elementfremde) Mengen disjoint sets
Diskont (Satz) discount (rate)
diskret discrete
diskrete Zufallsvariable discontinuous variable (discrete)
Diskriminante discriminant
Dissertation thesis
Distanz (Entfernung, Abstand) distance
Distributivgesetz distributive law
divergent divergent
Divergenz divergence
Dividend dividend
dividieren (durch) divide (by)
Division (Teilung) division
Divison mit Rest division with remainder
Divisionszeichen division sign
Divisor (Teiler) divisor
Dodekaeder (Zwölfflächner) dodecahedron
Dodekagon (Zwölfeck) dodecagon
Doppelkegel double cone
doppelt double
doppelt logarithmisches Papier (Potenzpapier) log-log paper
Drachenviereck kite
Drehkegel cone of revolution
Drehkörper (Rotationskörper) solid of revolution
Drehung rotation, revolution, turn
Drehungspunkt (Drehpunkt) point (or pole) of rotation
drei (dritte) three (third)
Dreieck triangle

gleichseitiges Dreieck equilateral triangle
gleichschenkliges Dreieck isosceles triangle
rechtwinkliges Dreieck right (-angled) triangle
spitzwinkliges Dreieck acute triangle
stumpfwinkliges Dreieck obtuse triangle
ungleichseitiges Dreieck scalene triangle
dreieckig (dreiwinklig) triangular
Dreiecksmatrix triangular matrix
Dreiecksungleichung triangle inequality
dreifach threefold
dreiflächig trihedral
dreigliedrig trinomial
dreimal three times
dreiseitig trilateral
dreißig (dreißigste) thirty (thirtieth)
Dreiteilung trisection
dreizehn (dreizehnte) thirteen (thirteenth)
Drittel third
drittens thirdly
Dualitätsprinzip principle of duality
durch denselben Punkt gehend concurrent
Durchführung realization
Durchmesser diameter
Durchschnitt (Mittel) average
Durchschnittsmenge set intersection

E

eben level, plane
Ebene plane
ebene Trigonometrie plane trigonometry
echt proper
echte Teilmenge (Untermenge) proper subset
echter Bruch proper fraction
echter Teiler proper divisor
Ecke vertex, corner
Eckenanzahl number of vertices
eckig angular
Eckpunkt vertex, (*pl.* vertices)
Effizienz efficiency
eiförmig egg-shaped, ovoid
Eigenschaft property, characteristic
Eigenwert eigenvalue
Eilinie oval

eindeutig   unique
eindeutig definiert   well-defined
eindeutige Definition   unambiguous definition
Eindeutigkeit   uniqueness
eindimensional   one dimensional
eine Parallele ziehen zu   draw a parallel to
eineindeutige Abbildung   one-to-one mapping
eineinhalb   one and one-half
Einer   one-digit number, unit
Einerziffer   unit's digit
einfach   simple
einfacher Bruch   simple fraction
Einfachsprung   single jump
Einfallswinkel   angle of incidence
einfügen   insert
einführen   establish, insert, introduce
Eingabe   input
Einheit   unit, unity
Einheitselement   identity element
Einheitskreis   unit circle
Einheitsmatrix   identity matrix
Einheitsquadrat   unit square
Einheitsstrecke   unit of length
Einheitsvektor   unit vector
Einheitswurzel   root of unity
Einhüllende   envelope
einhundert   one hundred
einigermaßen gut   moderately good, fair
einklammern   put in parentheses
Einkommen   earnings, income
Einkommensteuer   income tax
einleitend (vorbereitend)   preliminary
einmal   once
Einmaleins   multiplication tables
einpassen   adjust, fit in
einrechnen   take into account
eins   one
   die Eins   the numeral one
Einsatz   insertion
einschalten (von Zwischenwerten)   interpolate
einschätzen   estimate, assess
Einschätzung   estimation, assessment
einschließen   include
einschränken   restrict
einschreiben   inscribe
einseitig   one sided, unilateral
Einselement   unit element
einsetzen   substitute, insert

Einsetzung   substitution
einstellig   one-digit
einstellige Relation   unary relation
eintausend   one thousand
eintreten   enter, occur
einwertig   single-valued
Einzahl   singular
einzeichnen   draw in, fill in, sketch, plot
Einzelfall   individual case
einzeln   single
Einzigkeitsprinzip   uniqueness principle
elastisch   elastic
Element   element
elementfremde Mengen   disjoint sets
Elevationswinkel   angle of elevation
elf (elfte)   eleven (eleventh)
Elftel   eleventh
Eliminationsverfahren   process of elimination
Eliminierung   elimination
Elle   cubit
Ellipse   ellipse
elliptisch   elliptical
Empfindlichkeit   sensitivity
empirisch   empirical
empirische Erwartung   empirical expectation
empirische Varianz   empirical variance
Endglied   last term
endgültig   conclusive, definitive, final
endlich   finally, limited, finite, terminating
endliche Grundgesamtheit   finite population
endliche Reihe   finite series
endlos   endless, infinite
Endpunkt   end point
Endwert   final value, accumulated result
Endziffer   last digit
eng   tight, narrow, restricted
entartet (degeneriert)   degenerate
entbehrlich   dispensable
entfernt   remote, distant, far away
Entfernung   distance, removal
entgegengesetzt   opposite
entgegengesetzt zum Uhrzeigersinn   counterclockwise
entgegengesetzte Vorzeichen   opposite signs
entgegengesetzter Vektor   opposite vector
entgegengesetztes Ereignis   complementary event

Enthaltenszeichen ($\subset$) sign of inclusion
Entscheidung decision
entsprechend corresponding, appropriate
entwerfen design, sketch, draft
entwickeln generate, develop
Entwicklung development, expansion
Entwurf design
entziffern decipher, decode
Erdbahn earth's orbit
Ereignis event
Erfahrung experience
erfinderisch inventive
Erfindung invention
Erfolg success
erforschen explore, investigate
ergänzen supplement, complete
ergänzendes Element supplementary
  element
Ergänzung supplementation, completion
Ergebnis result, outcome, answer
ergründen reason, to find out, probe into,
  investigate
erhabener Winkel (überstumpf) reflex
  angle
erhältlich available
erheben raise
Erhebung survey, elevation
Erhebung zu einer Potenz raising to a
  power
Erhöhung increase
erlangen (Wissen) acquire
erraten guess
erreichbar attainable
erreichbare Genauigkeit attainable accuracy
erreichen attain, reach
ersetzen replace, substitute
Ersetzung substitution
erst first
erstens firstly
erwarten anticipate, expect, wait for
Erwartung expectation
erwartungstreu unbiased
erweitern extend, improve (Kenntnisse),
  augment (vergrößern)
erweiterte Matrix augmented matrix
erwünscht desirable, welcome
erzeugen produce, generate, create
erzeugende Funktion generating function
Euklidische Geometrie Euclidean
  geometry

Euklidischer Algorithmus Euclidean
  division algorithm
Euler'sche Gerade Euler line
Euler'sche Zahl Euler number
ewig eternal, perpetual, forever
exemplarisch exemplary
Existenzbeweis proof of existence
Exponent exponent
Exponentialfunktion exponential function
Exponentialverteilung exponential distri-
  bution
Extremum mit Nebenbedingungen extre-
  mum with auxiliary conditions
Extremwert extremum
Extremwertaufgabe extreme value pro-
  blem
Exzentrizität eccentricity
Exzess (sphärischer) excess (spherical)

F

F-**Test** *F*-test
F-**Verteilung** *F*-distribution, variance ratio
  distribution
Faden thread, string
Fähigkeit (Befähigung) ability
Faktor factor
  größter gemeinsamer Faktor greatest
    common factor
Faktorielle factorial
Fakultät factorial, faculty
Fall case, fall
fallen (abnehmen) decrease, descend, drop
fallende Anordnung descending order
fallende Progression decreasing progres-
  sion
falsch false
falten fold
Faltung convolution, fold
Familie family
Faser fiber
fassen hold, grab, take
fast almost, nearly
**Faustregel, „über den Daumen ge-
  peilt"** rule of thumb
Fehlen (Mangel) deficiency, absence, lack
fehlen (vermisst werden) to be missing
fehlender Wert missing value
Fehler error, mistake, fault
Fehlerabschätzung error approximation

Fehleranalyse   error analysis
Fehlerrechnung   calculus of errors
Feinheit   refinement
Feld   field
Festkommadarstellung   fixed point representation
Festkörper   solid
Festsetzung   postulation
Fibonacci-Folge   Fibonacci sequence
Figur   figure
Fläche   area, surface, face (of a solid)
Flächenanteil   surface region portion
Flächeneinheit   square unit
flächengleich   equal in area
Flächeninhalt   area
Flächenintegral   surface integral
Flächenmaß   area measure
Flächenwinkel   dihedral angle
Fluchtlinie (Fluchtgerade)   vanishing line
Fluchtpunkt   vanishing point
Flugbahn   trajectory
Fokus   focus
Fokusweite   focal length
Folge   sequence
    arithmetische Folge   arithmetic sequence
    geometrische Folge   geometric sequence
    harmonische Folge   harmonic sequence
Folgerichtigkeit   logical order
folgern   deduce, infer
Folgerung   conclusion, implication
Folgesatz   corollary
fördern   foster
Form   form, shape
Formel (gültige)   formula (valid)
Forschung   research
Fortsetzung   prolongation, continuation
Freiheitsgrade   degrees of freedom
freiwillig   voluntary
fremd   disjoint, extraneous, strange
früher   previous
Fundamentalgruppe   fundamental group
Fundamentalsatz der Algebra   Fundamental Theorem of Algebra
Fundamentalsatz der Differential- und Integralrechnung   Fundamental Theorem of Calculus
fünf (fünfte)   five (fifth)
Fünfeck   pentagon
Fünfeckzahl   pentagonal number
Fünfflächner   pentahedron
fünfmal   five times

Fünfstern   pentagram
Fünftel   fifth
fünfzehn (fünfzehnte)   fifteen (fifteenth)
Fünfzehneck   quindecon
fünfzig (fünfzigste)   fifty (fiftieth)
Funktion   function
    Definitionsbereich einer Funktion   domain of a function
    ganze Funktion   entire function
    gerade Funktion   function of even degree
    konstante Funktion   constant function
    rekursive Funktion   recursive function
    reziproke Funktion   reciprocal function
    stetige Funktion   continuous function
    Wertebereich einer Funktion   range of a function
Funktion in einer Variablen   function of one variable
Funktion mit Sprungstellen (Treppenfunktion)   step function
funktional   functional
funktionale Abhängigkeit   functional dependence
Funktionenkörper   field of a function
Funktionsgraph   graph of a function
Funktionsterm   term of a function
Funktionswert   function value
für gültig erklären   validate
Fuß   foot
Fußpunkt des Lotes   foot of a perpendicular
Fußpunktdreieck   pedal triangle
Fußpunktkurve   pedal curve

G

Galois-Theorie   Galois theory
ganze Funktion   entire function
ganze Zahl   whole number, integer
ganzrationale Funktion   polygonal function
ganzzahlig   integral
Gauß-Verteilung   normal distribution
Gauß'sches Eliminationsverfahren   Gaussian elimination
Gebiet   domain (Bereich), area (Fläche), region, district (Gegend)
gebogen   bent, curved
Gebrauch   application
gebrochen   broken, fractional

gebunden bound
Gedächtnis memory
geeignet appropriate, suitable
Gefälle slope, gradient
gegeben given
Gegenbeispiel counterexample
Gegend neighborhood, region, surroundings
Gegendrehung counterrotation
Gegengewicht counterbalance
Gegenimplikation converse implication
Gegenkathete opposite leg (of a right triangle)
Gegenkraft counterforce, reaction
Gegenkrümmung reverse curvature
Gegensatz contrast
Gegensehnensatz Ptolemy's theorem on the inscribed quadrilateral
gegenseitig mutual
Gegensinn opposite sense
Gegenstand object, topic
Gegenteil contrary, opposite
gegenüberliegend opposite
gegenüberliegende Kante opposite edge
gegenüberliegender Eckpunkt opposite vertex
gegenüberliegender Winkel opposite angle
Gegenuhrzeigerrichtung counterclockwise
Gegenwert equivalent
Gegenwirkung reaction
Gehalt content(s), capacity, salary
gekrümmt curved
gekürzter Bruch reduced fraction, fraction in lowest terms
Gelenk joint, link
Gelenkkette series of links, linkage
gelten hold true, to be worth
Geltung validity
gemein common, ordinary
gemeinsam common, joint
gemeinsame Tangenten common tangents
gemeinsamer Nenner common denominator
gemeinsamer Teiler common factor
gemischte Zahl mixed number
genau exact, precise, accurate, true
„genau dann, wenn" ($\leftrightarrow$) "if and only if", biconditional
Geometrie geometry

Geometrie der Körper solid geometry
geometrische Folge geometric sequence
geometrische Progression geometric progression
geometrische Reihe geometric series
geometrische Verteilung geometric distribution
geometrischer Ort locus (geometric)
geometrisches Mittel geometric mean (average)
geordnetes Paar ordered pair
Gerade line, straight line
   ausgezogene Gerade solid line
   punktierte Gerade dotted line
   strichlierte Gerade dashed line
gerade (Zahl) even (number), straight
gerade Funktion even function
Geradenbüschel pencil of lines
Geradengleichung equation of a straight line
gerader Kegel right cone
gerader Zylinder right cylinder
Gerät equipment (Ausrüstung), tool (Werkzeug), apparatus, instrument
gerecht fair, just
gerichtete Strecke directed line segment
gerundete Zahl round number
Gerüst framework, frame, scaffolding
Gesamtwert total value
Geschick skill, aptitude
geschickt skillful
Geschwindigkeit speed, velocity
Geschwindigkeitsänderung change in velocity or speed
Gesetz law
Gesetz der Logik law of logic
Gesetz großer Zahlen law of large numbers
Gestalt (Form) shape
gestreckt (gerade) straight
gestreckter Winkel straight angle
Gewicht weight
Gewichtssatz set of weights
Gewinn profit
gewöhnen get used (or accustomed)
gewöhnliche Differentialgleichung ordinary differential equation
Gitter lattice
Gitterpunkt lattice point
Glaubwürdigkeit authenticity
gleich the same, equal, like

gleiche Potenz (Glied)   like power
gleiche Winkel   equal angles
Gleichgewicht   balance
Gleichheit   parity, equality
gleichmächtig   equivalent
gleichmäßige Konvergenz   uniform convergence
gleichmäßige Verteilung   uniform distribution
gleichnamige Operation   like operation
gleichnamiger Term   like term
gleichschenkelig   isosceles
gleichseitig   equilateral
gleichsetzen   equate
Gleichsetzungsverfahren   elimination by comparison
Gleichung   equation
Gleichung der Geraden (Punkt-Richtungsform)   linear equation (point-slope form)
Gleichung dritten Grades   cubic equation
Gleichung fünften Grades   quintic equation
Gleichung in Normalform   equation in standard form
Gleichung in Parameterdarstellung   parametric equation
Gleichung in zwei Variablen   equation with two variables
Gleichung lösen   solve an equation
Gleichung n-ten Grades   equation of n-th degree
Gleichung vierten Grades   quartic equation
Gleichungssystem   system of equations
Gleichverteilung   uniform distribution
Gleichwertigkeit   equivalence
gleichwinklig   equiangular
Gleitkommadarstellung   floating decimal point representation
Glied   term
  erstes Glied   first term
  letztes Glied   last term
Glied mit der höchsten Potenz   leading term
Gliederung   grouping
Glockenkurve   bell-shaped curve
Grad (Ordnung)   degree (order)
Gradbogen   protractor
grafische Darstellung   graphic representation, chart

grafische Lösung   graphic solution
grafisches Papier   graph paper
Graph   graph
Grenz …   terminal
Grenze   boundary
Grenzwert   limit
  oberer Grenzwert   upper limit
  unterer Grenzwert   lower limit
Grenzwertsätze   limit theorems
Grenzzahl   limit number
Grenzzeichen   limit symbol (lim)
grob   rough, coarse
grober Schnitzer   howler
Größe   size, quantity
Größenbestimmung   magnitude determination
Größenordnung   order of magnitude
Größenverhältnis   proportion, ratio
größer als (>)   greater than
Großkreis   great circle
Großkreisbogen   great circle arc
größter gemeinsamer Faktor   greatest common factor
größter gemeinsamer Teiler   greatest common divisor
Grund   reason, basis, foundation, ground
Grundbegriff   fundamental concept
Grundfläche   base, bottom
Grundgesetz   basic law
Grundintegral   fundamental integral
Grundkapital   principal (financial)
Grundkonstruktion   basic construction
Grundkreis   base circle, circle of inversion
Grundlage   foundation
Grundlinie   base line
Grundmaß   fundamental unit
Grundmenge   fundamental set
Grundrechnungsart   arithmetical operation
Grundsatz   axiom, postulate, principle
Grundriss   horizontal projection
Grundvektor   basis vector
Grundwert   base
Grundzahl   cardinal number, base of a power
Gruppe   group
Gruppe bezüglich der Addition   group with respect to addition
Gruppenbildung   grouping
Gruppeneigenschaft   group property
Gruppenelement   group element

Gruppentheorie group theory
gruppieren group
Gruppierung grouping
gültig valid
für gültig erklären validate
gültige Formel valid formula
günstig favorable
günstiges Ereignis favorable event
Gürtel girdle, ring, belt, zone of a sphere

H

halb half
Halbachse semi axis
große Halbachse semi-major axis
kleine Halbachse semi-minor axis
Halbebene half plane
halber Umfang semiperimeter
Halbgruppe semigroup
halbieren bisect
Halbierende bisector
Halbierung bisection
Halbierungslinie bisector (line)
Halbierungspunkt midpoint
Halbkreis semicircle
halbkreisförmig semicircular
Halbkugel hemisphere
Halblinie ray, half-line
Halbmesser radius
Halbordnung partial ordering
Halbraum half space
Halbwinkel half angle
harmonisch harmonic
harmonische Folge harmonic sequence
harmonisches Mittel harmonic mean
Haufen heap, cluster, pile
häufig frequent
Häufigkeit frequency
Häufigkeitskurve frequency curve
Häufigkeitstabelle frequency table
Häufigkeitsverteilung frequency distribution
Häufungspunkt accumulation point, cluster point
Häufungswert limiting value
Hauptachse principal axis, major axis
Hauptachsentransformation principal axis transformation
Hauptdiagonale leading diagonal
Hauptnenner least common denominator

Hauptpunkt principal point
Hebel lever
heben raise
herangehen (nähern) approach
herausfallen fall out, drop out, cancel out
herausfordern challenge
Herausforderung challenge
Herstellung production
herumdrehen turn around, rotate about
herunterfallen fall down
hervorbringen (Ertrag) yield
Herzkurve cardioid
heterogen heterogeneous
Heuler howler
Heuristik heuristic
Hexaeder (Sechsflächner) hexahedron
Hilfskonstruktion auxiliary construction
Hilfslinie auxiliary line
Hilfssatz auxilliary theorem, lemma
Hilfsvariable auxiliary variable
Hinlänglichkeit sufficiency
Hinlänglichkeitsbeweis proof of sufficiency
hinreichend sufficient
hinreichende Bedingung sufficient condition
hinsichtlich with respect to
hinten back, behind, rear
hinter behind
hinüber across, over
hinunter down(ward)
Hinweis hint
hinzufügen add
Histogramm histogram
hoch high
hochgestellte Zahl superscript
Hochpunkt maximum point
höchst maximum, highest
höchster Koeffizient leading coefficient
Höchstwert maximum value
Hochzahl (Exponent) exponent
Hoffnung expectation, hope
Höhe altitude, height
Höhe der Seitenfläche einer Pyramide slant height of pyramid
Höhe der Summe amount
Höhenschnittpunkt orthocenter
Höhle concavity, hollow
homogen homogeneous
homogenes Gleichungssystem homogeneous equation system

Homomorphismus homomorphism
Horizont horizon
horizontal horizontal
Horner-Schema Horner's method
hundert (hundertste) hundred (hundredth)
Hundertersatz (Prozentsatz) percentage
Hundertstel hundredth
Hyperbel hyperbola
Hyperbelast branch of hyperbola
Hyperbelfunktion hyperbolic function
hyperbolisch hyperbolic
hyperbolische Geometrie hyperbolic geo-
     metry (Lobachevskian)
Hypotenuse hypotenuse
Hypothese (Nullhypothese) hypothesis
     (null hypothesis)

I

identische Gleichheit identity
Identität identity
Ikosaeder (Zwanzigflächner) icosahedro
imaginär imaginary
imaginäre Achse imaginary axis
imaginäre Wurzel imaginary root
imaginäre Zahl imaginary number
Imaginärteil imaginary part
Implikation implication, conditional state-
     ment
Implikationszeichen ($\rightarrow$) sign of implica-
     tion
implizieren imply
implizit implicit
Index (hochgestellter/tiefgestellter)
     superscript, subscript
Indexmenge index set
indirekt proportional inverse proportional
indirekter Beweis indirect proof
Induktion induction
induktiv schließen reason by induction
Informatik computer science
Informatiker computer scientist
Informationsverlust loss of information
Inhalt contents (Buch), capacity, volume
     (Rauminhalt)
injektiv injective
inkommensurabel incommensurable
Inkreis inscribed circle, incircle
Inkreismittelpunkt incenter *(Am.)*,
     incentre *(Brit.)*

Inkreisradius inradius, radius of inscribed
     circle
innen inside, internal
Innenwinkel interior angle
inner inner, inside, interior, internal,
     intrinsic
     innere Ableitung inner derivative
     inneres Produkt (Skalarprodukt) inner
     product (dot product)
Inneres interior
innerhalb inside, within
innerlich innate, intrinsic
Integral integral
     bestimmtes Integral definite integral
     unbestimmtes Integral indefinite integral
     uneigentliches Integral improper integral
Integralrechnung integral calculus
Integration integration
Integrationsmethode integration techni-
     que
integrierbar integrable
integrieren integrate
Integritätsbereich integral domain
Interpolation interpolation
Intervall interval
     abgeschlossenes Intervall closed interval
     offenes Intervall open interval
Intervallschachtelung (principle of)
     nested intervals
intuitiv intuitive
invariant (unveränderlich) invariant
invers (umgekehrt) inverse
inverse Matrix inverse matrix
inverse Rechenoperation inverse opera-
     tion
inverser Wert inverse value
invertierbar invertible
irrational irrational
irrationale Zahl irrational number
Irrtum mistake, error
isolierter Punkt isolated point
Isomorphismus isomorphism
Istmaß actual size

J

Jahrgang age group
Jahrhundert century
jährlich yearly, annually
Jahrtausend millennium

Jahrzehnt   decade
je   per, each
Jota   iota

K

Kalender   calendar
Kalkül   calculus
kalkulieren   calculate, compute
Kalotte   spherical cap
Kante   edge
Kapazität   capacity
Kapital   principal
Kapitel   chapter
Kardinalzahl   cardinal number
kariert   checkered
Karomuster   checkerboard pattern
Karopapier   graph paper
Karte   chart
kartesisches Koordinatensystem   Cartesian coordinate system
kartesisches Produkt   Cartesian product
Kategorie   category
Kathete   side, leg .
kaufmännisches Rechnen   business arithmetic
Kegel   cone
  abgeschnittener Kegel   truncated cone
  gerader Kegel   right cone
  schiefer Kegel   oblique cone
  schräg abgeschnittener Kegel   obliquely truncated cone
Kegelmantel   lateral surface of a cone
Kegelschnitt   conic section
Kegelstumpf   frustum of a cone
  gerader Kreiskegelstumpf   frustum of a right circular cone
Kehrwert   inverse value, reciprocal value
Keil   wedge
Keilwinkel   dihedral angle
Kennzeichen   characteristic, sign
Keplerbahn   Kepler ellipse, elliptical path of planetary orbit
Kern   core, kernel
Kette   chain
Kettenbruch   continued fraction
Kettenlinie   catenary
Kettenregel   chain rule
kippen   tilt, tip
Kippwinkel   angle of inclination

Klammer, eckige   bracket (*Am.*), square bracket (*Brit.*)
Klammer, geschwungene   brace
Klammer, runde   parenthesis (*Am.*), bracket (*Brit.*)
Klasseneinteilung   partition into classes
Klassenhäufigkeit   cell frequency
Klassifizierung nach einem einzigen Merkmal   one-way classification
klein   small
kleiner oder gleich ($\leqslant$)   less than or equal to
kleinster gemeinsamer Nenner   least common denominator
kleinstes gemeinsames Vielfaches   least common multiple
knapp   tight, concise
Knoten   knot, node
Knotenpunkt   node of a curve
Koeffizient   coefficient
Koeffizientenvergleich   comparison of coefficients
kollineare Punkte   collinear points
Kollinearität   collinearity
Kolonne   column
Kombination   combination
Kombination mit (ohne) Wiederholung   combination with (without) repetition
Kombinatorik   combinatorial analysis
kombinieren   combine
Komma   decimal point, comma
kommensurabel   commensurable
kommutativ   commutative
kommutativer Körper   commutative field
Kommutativgesetz   commutative law
Kommutativität   commutativity
Kompass   compass (navigator's instrument)
Kompasspeilung   compass bearing
komplanar   coplanar
komplanare Geraden (in einer Ebene liegend)   coplanar lines
Komplanarität   coplanarity
Komplement (Ergänzung)   complement
komplementäre Matrix   complementary matrix
Komplementärwinkel   complementary angle
komplexe Zahl   complex number
Komponenten   components
Komponentenzerlegung eines Vektors   vector decomposition

Konfidenzbereich   confidence region
Konfidenzintervall   confidence interval
kongruent   congruent
kongruent modulo *m*   congruent modulo *m*
Kongruenz   congruence
Kongruenzabbildung   congruent mapping,
    congruent transformation
Kongruenzsätze für Dreiecke   triangle
    congruence theorems
konjugiert komplexe Zahl   conjugated
    complex number
konkav   concave
Können (Fachkenntnis)   skill
Konstante   constant
konstantes Glied   constant term
Konstruierbarkeit   constructibility
Konstruktion   construction
Konstruktion mit Zirkel und Lineal   con-
    struction with ruler and compasses
kontinuierlich   continuous
Kontinuum   continuum
Kontinuumshypothese   continuum hypo-
    thesis
kontradiktorisch (widerspruchsvoll)
    contradictory
Kontraposition   contrapositive sentence
konträre Aussage   inverse sentence
Kontrolle   control, check
konvergent   convergent
Konvergenz   convergence
    gleichmäßige Konvergenz   uniform con-
    vergence
Konvergenzkriterien   convergence criteria
Konvergenzradius   radius of convergence
konvergieren   converge
konverse Implikation   converse impli-
    cation
konvex   convex
konvexes Polygon(Vieleck)   convex polygon
konzentrieren   concentrate
konzentrisch   concentric
konzyklisch   concyclic
Koordinate   coordinate
Koordinatenebene   coordinate plane
Koordinatengeometrie   coordinate geo-
    metry
Koordinatennullpunkt   origin of coordi-
    nates
Koordinatensystem   coordinate system
Koordinatenursprung   origin of a coordi-
    nate plane

Kopf oder Zahl (*Österr.* **Kopf oder Adler)**
    heads or tails
Kopfrechnen   mental calculation
Kopie   copy
Korollar   corollary
Körper   field, body, solid, domain
Körper mit gleichem Rauminhalt   solids
    of equal volume
Körpererweiterung   field extension
Korrektur (Verbesserung)   correction
Korrelation   correlation
Korrespondenz   correspondence
Kosekans   cosecant
Kosinus   cosine
Kosinusfunktion   cosine function
Kosinussatz   law of cosines
Kotangens   cotangent
Kovariante   covariant
Kovarianzanalyse   covariance analysis
Kräfteparallelogramm   parallelogram of
    forces
Kreis   circle
    angeschriebener Kreis   escribed circle
    eingeschriebener Kreis   inscribed circle
    umgeschriebener Kreis   circumscribed
    circle
Kreisausschnitt   sector
Kreisbogen   arc
Kreisdiagramm   circle graph, circular chart
Kreisdurchmesser   diameter
Kreisfläche   area of a circle
Kreisflächeninhalt   area of a circle
Kreisfunktion   circular function (trigono-
    metry)
Kreiskegel   circular cone
Kreismittelpunkt   center of circle
Kreispunkte   concyclic points
Kreisradius   radius of a circle
Kreisring   annulus, circular ring
kreisrund   circular
Kreisschar   family of circles
Kreissegment   segment of a circle
Kreissektor   sector of a circle
Kreissehne   chord
Kreisteilungsgleichung   cyclotomic equa-
    tion
Kreisumfang   circumference of circle
Kreisviertel   quadrant of a circle
Kreiszylinder   circular cylinder
Kreuz   cross
kreuzen   intersect, cross

Kreuzprodukt cross product
Kreuzriss side view, profile
Kreuzung intersection, crossing
Kriterium criterion
krumm curved, bent, twisted
**Krümmung (einer Kurve, einer
  Fläche)** curvature
Krümmungsradius radius of curvature
kubieren cube, raise to the third power
Kubik cubic
kubisch cubic, cubical (curve, equation)
Kubus (Würfel) cube, regular hexahedron
Kubusverdopplung duplication of the
  cube
Kugel sphere
Kugelabschnitt spherical segment
Kugelabstand spherical distance
Kugelausschnitt spherical sector
Kugelgeometrie spherical geometry
kugelig spherical
Kugelkalotte spherical cap
Kugeloberfläche surface area of a sphere
künstlich herstellen synthesize
Kurs exchange rate, price, course, route
  (Strecke)
Kurve curve
  offene Kurve open curve
  geschlossene Kurve closed curve
Kurve dritten Grades curve of third
  degree, cubic curve
Kurve in Parameterdarstellung parame-
  tric curve
Kurvenintegral curve integral
Kurvenschar family of curves
kurz concise, short
kürzen cancel, reduce
kürzen von Brüchen reduce fractions to
  lower terms
kürzester Abstand shortest distance

L

Landesgrenze border
Landmessung land surveying
lang long
Länge length
Länge der Höhe length of an altitude
Länge des Kreisbogens arc length
Längeneinheit unit of length
Längenmaß linear measure

Langlebigkeit longevity
Laplace'scher Entwicklungssatz Laplace
  expansion of a determinant
leer empty, null, void
Leere void, emptiness
leere Menge empty set, null set
Lehrsatz theorem
Leistung achievement, performance
Leistungsbeurteilung achievement evaluation
Leistungsfähigkeit efficiency
Leistungsnachweis certificate
leistungsorientiert achievement-oriented
Leitlinie directrix
lenken direct, steer
letzte Ziffer terminal digit, last digit
liegen to be situated, lie
Limes limit
Lineal ruler, straightedge
linear abhängig linearly dependant
linear unabhängig linearly independent
lineare Abbildung linear map(ping), linear
  transformation
lineare Algebra linear algebra
lineare Gleichung linear equation
lineare Regression linear regression
Linearkombination linear combination
Linie line
  ausgezogene Linie solid line
  punktierte Linie dotted line
  strichlierte Linie dashed line
Liniendiagramm line graph
linke Klammer left parenthesis *(Am.)*,
  left bracket *(Brit.)*
links left
Logarithmentafel logarithm table
logarithmische Gleichung logarithmic
  equation
logarithmische Kurve logarithmic curve
logarithmische Spirale logarithmic spiral
Logarithmus logarithm
  natürlicher Logarithmus natural
  logarithm
Logik logic
logischer Schluss logical deduction
löschen erase, delete
lösen solve
Lösung solution
Lot normal, perpendicular; plumb (Senk-
  blei)
Lotebene perpendicular plane

lotrecht   perpendicular
Lücke   gap

M

Mächtigkeit   cardinality, potency
magisch   magic
magisches Quadrat   magic square
mal (2 mal 3)   times (2 times 3)
Malzeichen   multiplication sign
Mangel   dearth, shortage, deficiency
Mannigfaltigkeit   manifold
Mantelfläche (Seitenfläche)   lateral area
   (or surface)
Mantellinie (eines Kegels)   slant height (of
   a cone)
Maß   measure
Masse   mass
Maßeinheit   unit of measure
Maßstab   scale, criterion
Matrix   matrix
Matrixdarstellung   matrix representation
Matrixschreibweise   matrix notation
Matrixtransformation   matrix transforma-
   tion
Matrizenalgebra   matrix algebra
Maximum (Hochpunkt)   maximum point
Median (Zentralwert)   median
mehrfach   multiple, repeatedly
mehrmals   repeatedly, several times
mehrmehrdeutige Abbildung   many to
   many mapping
Mehrzahl   plural
Meile   mile
Menge   set, collection
   abgeschlossene Menge   closed set
   elementfremde Mengen   disjoint sets
   geordnete Menge   ordered set
   leere Menge   null set
   ungeordnete Menge   unordered set
Menge geordneter Paare   set of ordered
   pairs
Mengenbegriff   concept of a set
Mengenlehre (Mengentheorie)   set theory
Merkmal (Charakterzug)   trait
Messfehler   error of measurement
Methode der kleinsten Quadrate   least
   squares method
Methode der unbestimmten Koeffizienten
   method of undetermined coefficients

metrischer Raum   metric space
Milliarde (10^9)   billion (*Am.*), milliard (*Brit.*)
Millimeterpapier   graph paper
Million (10^6)   million
mindest   least
minimal (Mindest ...)   minimal
Minimum (Tiefpunkt)   minimum point
Minuend   minuend
Minuszeichen   minus sign
Misserfolg   failure
Mitglied   member
Mittagskreis (Meridian)   meridian
Mitte   middle
Mittel   medium, median, mean, middle
Mitteldreieck   triangle formed by the mid-
   points of sides of triangle
Mittelpunkt   center (*Am.*), centre (*Brit.*),
   midpoint
Mittelpunkt des Inkreises   incenter (*Am.*),
   incentre (*Brit.*)
Mittelpunkt des Umkreises   circumcenter
   (*Am.*), circumcentre (*Brit.*)
Mittelung   averaging
Mittelungsmethode   averaging method
Mittelwert   mean, average
   arithmetischer Mittelwert   arithmetic
   mean
   geometrischer Mittelwert   geometric
   mean
   *gewichteter (gewogener) Mittel-
   wert*   weighted mean
   harmonischer Mittelwert   harmonic mean
Mittelwert der Stichprobe   sample mean
Mittelwertsatz der Integralrechnung
   mean value theorem for integrals
mittlere Krümmung   mean curvature
mittlere Proportionale   mean proportional
mittlere quadratische Abweichung   mean
   square deviation
Modell   model, pattern
Modul   module
Modus   mode
monoton   monotone
Monotoniegesetz   monotonic law
Mosaikarbeit   tessellation
Multiplikation   multiplication
Multiplikationszeichen   multiplication
   sign
multiplizieren (mit)   multiply (by)
Muster   pattern
Musterbeispiel   sample

N

n-Eck *n*-gon

n-Flächner (Polyeder) polyhedron of *n* faces

n-seitiges Eck polyhedral angle

nacheinander successively

Nachfolger successor, descendant

nachprüfen re-examine, check

nachrechnen check a calculation

Nähe nearness, proximity, neighborhood

nähern approach

Näherung approximation

Näherungskonstruktion approximate construction

natürliche Reihenfolge normal order

natürliche Zahl natural number

natürlicher Logarithmus natural logarithm

Nebenachse minor axis

Nebenrechnung auxiliary calculation

nebensächlich minor, peripheral

Nebenwinkel adjacent angle

Negation negation

negativ negative

negative Zahl negative number

negatives Zeichen negative sign, minus sign

Neigungswinkel angle of inclination

Neil'sche Parabel Neil's parabola

Nenner denominator

    kleinster gemeinsamer Nenner least common denominator

Nettoeinkommen net- earnings

Netz net

neun (neunte) nine (ninth)

Neuneck nonagon

Neunerprobe casting out nines

Neunpunktkreis (Feuerbach'scher Kreis) Nine Point Circle

Neuntel ninth

neunzehn (neunzehnte) nineteen (nineteenth)

neunzig (neunzigste) ninety (ninetieth)

neutrales Element neutral element

Newton'sches Näherungsverfahren Newton's methods of approximation

Nicht-Euklidische Geometrie non-Euclidean geometry

nichtentarteter Kegelschnitt non-degenerate conic

nichtexistierend nonexistent

nichtleer nonempty, nonvoid

nichtlineare Korrelation curvilinear correlation

nichtlösbar insoluble, unsolvable

nichtparallel nonparallel

nichtrational irrational, nonrational

nichtsymmetrisch asymmetric

nichttransitiv nontransitive

niedrig low

Niveau level

Norm norm

normale Geraden perpendicular lines

Normalverteilung normal distribution

normiertes Polynom normalized polynomial

notwendig necessary

notwendige Bedingung necessary condition

n-seitiges Polyeder polyhedron of *n* faces

null zero, naught

null setzen equate to zero

Nullage zero position

Nullelement zero element

Nullhypothese null hypothesis

Nullmenge void set, empty set, null set

Nullstelle eines Polynoms zero of a polynomial

Nullstellenbestimmung bei Polynomen calculation of zeros of polynomials

Nullstrahl polar axis

Nullteiler zero divisor

numerische Differentiation numerical differentiation

numerische Integration numerical integration

Nummer number

nützen be of use

O

oben above, up, on top

ober superior, upper

obere Grenze upper limit

obere Schranke upper bound

oberer Index superscript

Oberfläche surface

Oberflächeninhalt surface area

oberhalb above

Obersumme upper sum

ohne gemeinsames Maß incommensurable

Oktaeder (Achtflächner)   octahedron
Oktalschreibweise   octal notation
Optimierung   optimization
Ordinalzahl   ordinal number
Ordinate   ordinate
Ordnung   order
Ordnungszahl   ordinal number
Orientierung   orientation
Ort   position, locus
orthogonal   orthogonal
Ost   east
Oszillation   oscillation
oval (Oval)   oval

P

Paar   pair, couple
palindrome Zahl   palindromic number
Parabel   parabola
parabolische Fläche   parabolic surface
parabolische Kurve   parabolic curve
Paradoxon   paradox
Parallele   parallel
parallele Geraden   parallel lines
Parallelität   parallelism
Parallelogramm   parallelogram
Parallelverschiebung   parallel displacement, parallel translation
Parameter   parameter
Parität   parity
Partialbruch   partial fraction
Partialbruchzerlegung   partial fraction expansion
Partialsumme   partial sum
partielle Ableitung   partial derivative
partielle Differentiation   partial differentiation
partielle Integration   integration by parts
Pascal'sches Dreieck   Pascal's triangle
passen   match
passend   appropriate
Pauschalgebühr   flat rate
Peanos Axiomensystem   Peano's axiom system
Pentaeder   pentahedron
Pentagonalzahl   pentagonal number
perfekte Zahl   perfect number
Periode   period
periodisch   periodic

periodische Dezimalzahl   repeating decimal, recurring decimal
periodischer Dezimalbruch   periodic decimal fraction
Permutation   permutation
Perspektive   perspective
Pfeil   arrow
Pfeilspitze   arrowhead
Pfund   pound
Plan   design, map, draft
Platzhalter   place holder, variable
Pluszeichen   plus sign, addition sign
Pol   polar point
Polarachse   polar axis
Polardreieck   polar triangle
Polare   polar line
Polarkoordinaten   polar coordinates
Polarkreis   polar circle
Polstelle   pole
Polyeder (Vielflächner)   polyhedron
Polyedereck   polyhedral angle
Polygon (Vieleck)   polygon
Polygonalzahl   polygonal number
Polynom   polynomial
Polynomialentwicklung   multinomial expansion
Population   population
positiv   positive
positive Zahl   positive number
positives Zeichen   plus sign
Potenz   power (as exponent)
Potenz eines Punktes bezüglich eines Kreises   power of a point with respect to a circle
potenzieren   raising to a power
Potenzmenge   power set
Potenzpapier   log-log paper
Potenzrechnung   calculation with powers
Potenzreihe   power series
prägnant   concise, terse
Preisnachlass   discount
prim   prime
Primfaktor   prime factor
Primfaktorenzerlegung   factorization into prime factors
primitive Einheitswurzel   primitive root of unit
Primitivwurzel   primitive root
Primzahl   prime number
Primzahlenfolge   sequence of prime numbers

Primzahlzwillinge prime pair, twin primes
Prinzip principle
Prisma prism
  dreiseitiges Prisma triangular prism
  gerades Prisma right prism
  rechteckiges Prisma rectangular prism
  schiefes Prisma oblique prism
Probe test, trial, check
probieren try, attempt
Problemlösen problem solving
Produkt product
Produkt von Vektoren vector product
  inneres Produkt inner (dot) product
  äußeres Produkt outer (cross) product
Produktregel product rule
Projektion projection
projektive Ebene projective plane
projektive Geometrie projective geometry
Projektivität projectivity
Proportion proportion
  direkte Proportion direct proportion
  indirekte Proportion indirect proportion
proportional proportional
Proportionalität proportionality
protokollieren record
Prozent percent
Prozentrechnen percentage calculation
Prozentsatz percentage rate
Prozentwert (Prozentanteil) part
Prüfung examination
Ptolemäischer Lehrsatz Ptolemy's theorem
Punkt point, vertex
  Anfangspunkt initial point
  Endpunkt terminal point
Punktfolge sequence of points
punktiert dotted
Punktrichtungsgleichung der Geraden
  point-slope form of a line
Punktwolke scatter diagram
Pyramide pyramid
  abgeschnittene Pyramide truncated
    pyramid
  gerade Pyramide right pyramid
  quadratische Pyramide square based
    pyramid
  schiefe Pyramide oblique pyramid
  schräg abgeschnittene Pyramide
    obliquely truncated pyramid
Pyramidenstumpf (gerader) frustum of a
  pyramid (right)

Pythagoreischer Lehrsatz Pythagorean
  theorem
Pythagoreisches Zahlentripel Pythagorean triple

Q

Quader rectangular prism, cuboid
Quadrant (Viertelebene) quadrant
Quadrat square
  magisches Quadrat magic square
  vollständiges Quadrat perfect square
quadratisch quadratic
quadratische Gleichung quadratic equation
quadratischer Rest quadratic residue
Quadratkilometer square kilometer
Quadrattafel table of squares
Quadratur des Kreises squaring the circle
Quadratwurzel square root
Quadratwurzelziehen extract the square
  root of
Quadratzahl square number
quadrieren square
Quadrillion (10^{24}) septillion *(Am.)*,
  quadrillion *(Brit.)*
Quantifikator quantifier
Quantität quantity
Quartil (Streuungsmaß) quartile
Quelle source, origin
quer cross, transverse
Querschnitt cross cut, cross section
Querstrich horizontal line
Quersumme sum of the digits
**quinäre Zahlendarstellung (mit der
  Basis 5)** quinary notation
Quotient quotient
Quotientenkörper quotient field
Quotientenkriterium ratio test
Quotientenregel quotient rule

R

Rabatt discount
Radiant (*Zeichen*: rad) radian
Radikal radical
Radius (*pl.* Radien) radius (*pl.* radii)
Radius des Inkreises inradius
**Radius des Inkreises (eines regelmäßigen
  Vielecks)** apothem (of a polygon)
Radius des Umkreises circumradius,
  radius of circumscribed circle

Radix (Wurzel)   root
radizieren   extract a root
Radkurve   cycloid
Rahmen   frame
Rand   frontier, boundary, border, edge, margin
Randverteilung   marginal distribution
Randwertproblem   boundary value problem
Rang   rank
Rang einer Matrix   rank of a matrix
rational machen   rationalizing
rationale Zahl   rational number
rationaler Bruch   rational fraction
Raum   space
Rauminhalt   volume
Raummaß   cubic measure
Raumwinkel   tetrahedral angle
Raute   rhombus
Realität   reality
Realteil   real part
Rechenaufgabe   arithmetic problem
Rechenoperation   arithmetical operation
Rechenschieber   slide rule
Rechentabelle   mathematical table
rechnen   compute, calculate
Rechnung   calculation, bill, check *(Am.)*
recht, rechts   right
rechte Klammer   right parenthesis *(Am.)*, right bracket *(Brit.)*
Rechteck   rectangle
rechteckig   rectangular
rechter Winkel   right angle
Rechtseinselement   right identity element
rechtsinvers   right inverse
rechtsinverses Element   right inverse element
rechtsseitige Distributivität   right distributivity
rechtwinklig   right-angled, orthogonal, perpendicular
rechtwinkliges Dreieck   right triangle *(Am.)*, right-angled triangle *(Brit.)*
redundant (überflüssig)   redundant, unnecessary
reelle Achse   real axis
reelle Zahl   real number
reelles Zahlensystem   real number system
reflexiv   reflexive
Regel   rule

regelmäßiger Körper (platonischer Körper)   regular solid (Platonic solid)
regelmäßiger Vielflächner (regulärer Polyeder)   regular polyhedron
regelmäßiges Vieleck   regular polygon
Regression   regression
reguläres Polygon   regular polygon
Reichweite   coverage
reif   ripe, mature
Reihe (Zeile)   row
Reihe (Summe einer Folge)   series
   konvergente Reihe   convergent series
   divergente Reihe   divergent series
Reihenfolge   in order, in sequence
   in dieser Reihenfolge   respectively
   in umgekehrter Reihenfolge   in reverse order
rein   pure, clean
rein imaginäre Zahl   pure imaginary number
rein quadratische Gleichung   pure quadratic equation
Rekursion   recursion, recurrence
Rekursionsformel   recursion formula
rekursive Funktion   recursive function
Relation   relation
relativ abgeschlossene Menge   relatively closed set
relativ prime Zahlen   relatively prime numbers
relativ widerspruchsfrei   relatively consistent
relative Häufigkeit   relative frequency
relative Wachstumsrate   relative growth rate
relativer Fehler   relative error
Residuensatz   residue theorem
Rest   rest, remainder, residual
Rest (bei Division)   remainder
Restklasse   residue class, coset
Restklassenkörper   residue class field
Restklassenmodul   residue class module
Restklassenring   residue class ring
Resultat   result, resultant
Resultierende (Vektorsumme)   resultant (of vectors)
Reziproke   reciprocal
reziproke Funktion   reciprocal function
reziproker Wert   reciprocal value
Rhombus   rhombus
Richtung   direction

Ringfläche torus
Riss projection, view
  Aufriss vertical projection
  Grundriss horizontal projection
  Schrägriss skew projection
Röhre tube, pipe
Röhrenfläche tubular surface
Rolle pulley
Rotationskörper solid of revolution
Rückentwicklung regression
Rückkehrpunkt cusp
rückläufig retrograde
Rücknahme withdrawal
Rücksicht with respect to, consideration
rückwärtszählen count backwards
runde Klammer parenthesis (*pl.* parentheses) (*Am.*), bracket (*Brit.*)
runden rounding off
Rundungsfehler rounding error

S

Sachkenntnis skill
sachlich objective
Sachrechnung practical problem
Sammlung collection
Satz theorem, sentence, proposition
Schachbrett checkerboard
Schachtelung nesting, nest
Schall sound
Schaltjahr leap year
Schar family, swarm, crowd
Schatten shadow
schätzen estimate, guess, appraise
Schätzung estimate, guess
schätzungsweise roughly, approximately
Schätzwert estimation
Scheffel bushel
scheinbar apparently
Scheinkorrelation illusory correlation
Scheitel (Scheitelpunkt) vertex, zenith
Scheitelwinkel vertical angles
Schema array, diagram, pattern
Schenkel side (of a right or isosceles triangle)
schieben move, push, slide
Schiebung translation
schief (schräg) skew, sloping, slanting
Schiefe skewness
schiefe Pyramide oblique pyramid

schiefer Kreiskegel oblique circular cone
schiefer Kreiszylinder oblique circular cylinder
Schleife loop
schließen close, include, enclose, involve
Schlinge loop
Schluss end, conclusion
Schlüsselzahl code number
Schlussfolgerung conclusion
schmal narrow
Schmiegebene osculating plane
Schnecke Limaçon
Schneckenlinie spiral, helix
schneidend intersecting, secant
schneidende Ebenen intersecting planes
schneidende Geraden intersecting lines
Schnelligkeit speed, rapidity, velocity
Schnitt cut, section, intersection
Schnittebene intersecting plane
Schnittpunkt point of intersection
Schnittwinkel zweier Ebenen bzw. Kanten dihedral angle
Schraffierung hatching lines, striations
Schräge slant, slope (Gefälle)
Schrägriss (Schrägansicht) skew projection
Schranke bound
  größte untere Schranke greatest lower bound
  kleinste obere Schranke least upper bound
Schreibweise notation
Schwäche weakness
Schwankung oscillation
Schwerlinie median (line)
Schwerpunkt centroid, center of gravity
Schwingungsweite amplitude
sechs (sechste) six (sixth)
Sechseck hexagon
Sechsflächner (Hexaeder) hexahedron
Sechstel sixth
sechzehn (sechzehnte) sixteen (sixteenth)
sechzig (sechzigste) sixty (sixtieth)
Segment segment of a circle
Sehne chord of a circle
Sehnenviereck inscribed quadrilateral
Seite side (of a polygon), face (of a solid)
Seitenansicht side view
Seitenfläche lateral surface, lateral face
Seitenhöhe slant height
Seitenhalbierende median of a triangle

Seitenkante lateral edge
Seitenlänge length of a side
Seitenpaar pair of sides
Sekans secant
Sekansfunktion secant function
Sekante secant (line)
Sektor sector
senkrecht perpendicular, normal, vertical
Senkungswinkel angle of depression
Sequenz sequence
Serie series
setzen put, place, set in position
Sexagesimalrechnung sexagesimal arithmetic
Sexagesimalsystem (Sechzigersystem)
    sexagesimal system of notation
sich gegenseitig ausschließende Ereignisse
    mutually exclusive events
sich häufen accumulate
sicheres Ereignis certain event
Sieb sieve
sieben (siebente) seven (seventh)
Siebeneck heptagon
Siebentel seventh
siebzehn (siebzehnte) seventeen (seventeenth)
Siebzehneck (17-Eck) seventeen sided polygon (17-gon)
siebzig (siebzigste) seventy (seventieth)
Signifikanzniveau level of significance
simultane Gleichungen simultaneous equations
singuläre Matrix singular matrix
singulärer Punkt singular point
Sinn sense
Sinnbild symbol
sinnlos absurd, meaningless
sinnvoll meaningful
Sinus sine
Sinusfunktion sine function
Sinussatz law of sines
Skalar (Zahl) scalar
Skalarprodukt scalar product, dot product
Skizze (Entwurf) sketch, rough draft, outline
skizzieren sketch
Spalt gap, split, slot
Spalte (Kolonne) column
Spannbreite span
Spanne span, interval
spannen stretch, span

Spannung tension
Spannweite range
Spat parallelepiped
Spatprodukt parallelepidial product
Spektrum spectrum
Sphäre sphere
sphärisch spherical
sphärische Fläche spherical surface
sphärische Geometrie spherical geometry
sphärischer Winkel spherical angle
sphärisches Dreieck spherical triangle
Spiegel mirror
Spiegelbild reflected image
spiegeln reflect
Spiegelung (an einer Ebene) reflection (in a plane)
Spiegelungsachse axis of symmetry
Spiel game
Spielraum margin of error, amount of tolerance
Spirale, spiralförmig spiral
Spiralkurve spiral curve
spitz pointed, acute
Spitze vertex, point, summit, spire (Turm), apex
spitzer Winkel acute angle
spitzwinkliges Dreieck acute triangle
Sprung (Sprungstelle) jump
Spur (ein Körnchen) grain
Stabdiagramm bar graph
Staffelbild histogram
Standardabweichung standard deviation
ständig permanent, constant, continuous
Stärke strength
stärken strengthen
starr rigid, solid
Starrheit rigidity
Statistik statistics
statistischer Fehler statistical error
steigen ascend, increase
Steigerung increase
Steigungswinkel angle of elevation
steil steep
Stelle place
Stellen vertauschen juxtaposition
Stellenwert place value
Stereometrie solid geometry
Stern asterisk (*), star
Sternkurve asteroid
stetig continuous
stetige Progression continuous progression

stetige Verteilung   continuous distribution
stetiger Prozess   continuous process
Stetigkeit   continuity
Stetigkeitsaxiom   continuity axiom
Stichprobe   (random) sample
Stichprobenauswahl   sample choose
Stichprobenerhebung   sample survey, sampling
Stichprobenfehler   sampling error
Stichprobenraum   sample space
Stichprobenumfang   sample size
stören   disturb
Stoß   impact, push
Strahl   ray , half-line
Strahlenbüschel   pencil of lines
Strahlensatz   theorem of proportional segments
streben (nach)   strive (for), converge
Strecke   line segment
Streckensymmetrale   perpendicular bisector of line segment
Streckenzug   broken line
Streckung   stretch , enlargement
streng   exact, rigorous, precise
strenger Beweis   rigorous proof
Streubild   scatter diagram
Streuung   dispersion, scattering, variation
Strich (')   prime (mark)
   a', a'' a prime, a double prime
strichliert   dashed
Strichliste   tally chart
Stufe   step
Stufenfunktion   step function
stufenweise   step by step
Stumpf   frustum
   Kegelstumpf   frustum of a cone
stumpf   obtuse, dull
stumpfer Winkel   obtuse angle
stumpfwinkliges Dreieck   obtuse triangle
Stundenzeiger   hour hand
stürzen   transpose (a matrix)
Substitution   substitution
Substitutionsregel   substitution formula
Subtrahend   subtrahend
subtrahieren   subtract
Subtraktion   subtraction
Subtraktionszeichen   subtraction sign
suchen   search, seek, require, look for
Süden   south
Südpol   south pole
sukzessiv (aufeinanderfolgend)   successive

Summand   addend
Summe   sum
Summenzeichen (Σ)   summation sign
summieren   add
supplementär   supplementary
Supplementärwinkel   supplementary angle
surjektive Abbildung   onto function
Symbolik   symbolism
symbolische Darstellung   symbolic representation
Symmetrale   line of symmetry, bisector
Symmetrie   symmetry
Symmetrieachse   axis of symmetry
Symmetrieebene   plane of symmetry
Symmetriegerade   line symmetry
symmetrisch   symmetrical
symmetrische Gleichung   symmetric equation
Synthese   synthesis
System (von Gleichungen)   system (of equations)
systematisch   systematic

T

t-Verteilung t-distribution
tabellarisch   tabular
Tabellarisierung   tabulation
Tabelle   chart, table
Tafel   table, chalkboard, projection plane
Tangens   tangent
Tangensfunktion   tangent function
Tangente   tangent (line)
Tangentensatz   law of tangents
Tangentensechseck   circumscribed hexagon
Tangentensehnenwinkel   tan-chord angle (angle formed by a tangent and a chord)
Tangentenvektor   tangent vector
Tangentenvieleck   circumscribed polygon
tangential   tangent, tangential
Tangentialebene   tangent plane
Tarif   price, rate
Tasterzirkel (Greifzirkel)   calipers
Tauglichkeit   suitability, fitness
tausend (tausendste)   thousand (thousandth)
Tausendstel   thousandth
Tautologie   tautology

Taylor-Reihe   Taylor series
Teil   part, portion
Teilableitung   partial differentiation
Teilbarkeit   divisibility
Teilbarkeitskriterium   criterion for divisibility
Teilbarkeitsregeln   rules for divisibility
Teilbruch   partial fraction
teilen   share, divide
  in drei gleiche Teile teilen   trisect, divide
    into three equal parts
Teiler   divisor
  größter gemeinsamer Teiler   greatest
    common divisor
teilerfremd   relatively prime
Teilfolge   subsequence
Teilmenge   subset
Teilung   division
Teilungszahl   quotient
teilweise   partial, by parts
Teleskop   telescope
teleskopisch   telescopic
Tempo   rate of speed
Tendenz   tendency
Term   term
  gleichnamiger Term   like term
Testergebnis   test score
Tetraeder (Vierflächner)   tetrahedron
tetraedisch   tetrahedral
Thema   topic
theoretisch   theoretical
Theorie   theory
thermisch   thermal
These   thesis
tief   deep
Tiefe   depth
tiefgestellte Zahl   subscript
Tiefpunkt   minimum point
Ton   sound, tone
Topologie   topology
Torus   torus
Totalbetrag   total amount
Totalkörper   total field, entire field
träg   inert
Trägheitsgesetz   law of inertia
transitiv   transitive
Transitivität   transitivity
Transitivitätsgesetz   law of transitivity
transponieren   transpose
transzendente Zahl   transcendental number
Trapez   trapezoid *(Am.)*, trapezium *(Brit.)*

treffen   meet
treiben   drive, push, force, set in motion,
    propel, work, operate
Trennbarkeit   separability
trennen   separate
Triangularzahl   triangular number
triangulieren   triangulate
Trigonometrie   trigonometry
  ebene Trigonometrie   plane trigonometry
  sphärische Trigonometrie   spherical
    trigonometry
trigonometrische Funktionen   trigonometric functions
Trillion (10^{18})   quintillion *(Am.)*, trillion
    (Brit.)
Trinom   trinomial
Tripel   triple
Trisektion   trisection
trivial   trivial
Trugschluss   fallacy
Typ   type
typisch   typical
Typus   type

U

über   over, above
überabzählbar   uncountable
überall dicht   everywhere dense
überall stetig   completely continuous
überbleibender Rest   remainder
Überblick   overview, survey
überblicken   survey
Überdeckung   cover, covering
überflüssig   superfluous, unnecessary,
    excess, surplus, redundant
übergreifen   overlap
überlagern   overlay, overlap
Überlagerung   covering, overlapping,
    superposition
überlappend (Dreiecke)   overlapping
    (triangles)
überlegen   consider, think about
übermäßig   excessive
überprüfen   review, check, examine
Überprüfung   review, examination, check
übersteigen   exceed
überstumpf (erhaben)   reflex
Übertragung   transfer
überzählig   superfluous

übrig remaining
übrigbleiben remain
Übung drill
Übungsaufgabe exercise
Ufer bank (of river), boundary
uferlos boundless
Uhrzeiger hand of a clock or watch
Uhrzeigersinn clockwise direction
Umdrehung revolution, turn
Umdrehungsachse axis of revolution
Umdrehungspunkt center of revolution
Umdrehungszahl number of revolutions
Umfang perimeter, circumference
umfassend all inclusive, comprehensive
Umformung transformation, conversion
Umfrage poll
Umgebung environment, neighborhood
umgekehrte Implikation converse implication
umgekehrte Reihenfolge reverse order
umgekehrtes Verhältnis reciprocal ratio
umgruppieren regroup, rearrange
umhüllen envelope
umkehrbar reversible
umkehrbar eindeutige Beziehung one-to-one correspondence
umkehren invert, reverse
Umkehrformel inversion formula
Umkehrsatz inverse theorem
Umkehrung converse, reversal, inversion
Umkreis circumscribed circle, circumcircle
umkreisen encircle
Umkreismittelpunkt circumcenter *(Am.)*, circumcentre *(Brit.)*
Umkreisradius circumradius
umlaufen revolve, circulate
Umlaufgeschwindigkeit velocity of revolution
Umlaufszahl number of revolutions
Umlaufzeit period of revolution
Umnummerierung renumbering
Umordnung rearrangement
Umrandung bordering
umrechnen convert
Umrechnung (Konvertierung) conversion
Umrechnungstabelle conversion table
Umriss (Überblick) outline
umschreiben circumscribe, rewrite
umwandeln convert, change, transform
Umwandlung conversion, change, transformation

Umwandlung von Maßeinheiten conversion of units
unabhängig independent
unabhängige Ereignisse independent events
unabhängige Variable independent variable
unbeabsichtigt accidental
unbedingt unconditional, absolutely
unbegrenzt unlimited, unbounded, limitless, boundless
unbekannt unknown
unberechenbar incalculable, unpredictable
unbeschränkt unbounded, indefinitely, limitless
unbeschränkte Menge unbounded set
unbeschränktes Intervall unbounded interval
unbestimmte Gleichung indeterminate equation
unbestimmte Zahl arbitrary number
unbestimmter Ausdruck indeterminate form
unbestimmter Koeffizient undertermined coefficient
unbestimmtes Gleichungssystem indeterminate system of equations
unbestimmtes Integral indefinite integral
Unbestimmtheit uncertainty
unbeweisbar unprovable
unbewiesen unproved
unbiegsam inflexible, rigid
undefinierbar indefinable
undefiniert undefined
unechter Bruch improper fraction
uneigentlicher Bruch improper fraction
uneigentliches Integral improper integral
unendlich infinite
Unendlichkeit infinity
ungefähr approximate
ungekürzt unabridged
ungenügend insufficient, unsatisfactory
ungeordnete Menge unordered set
ungerade (Zahl) odd (number)
ungerichtet undirected
ungeteilt undivided
Ungewissheit uncertainty
ungleich unequal
Ungleichheit inequality
ungleichseitig (Dreieck) scalene (triangle)

ungültig   invalid
ungünstig   unfavorable
unitär (einheitlich)   unitary
unkürzbar   irreducible
unlösbar   unsolvable, insoluble
unlösbare Gleichung   unsolvable equation
**unlösbares (unverträgliches) Gleichungs-
    system**   inconsistent equations
Unordnung   disorder
unsicher   uncertain
unsinnig   absurd
unstetig   discontinuous
Unstetigkeitsstelle   point of discontinuity
unsymmetrisch   asymmetric, skew
unten   below
unter   under, lower, inferior
untere Grenze   lower limit
untere Schranke   lower bound
Untergruppe   subgroup
Unterhaltung   entertainment, recreation
Untermenge   subset
    echte Untermenge   proper subset
    unechte Untermenge   improper subset
Unterraum   subspace
Unterschied   difference
unterstützen   foster, support
untersuchen   inspect, check, investigate
unvereinbar   inconsistent
Unvereinbarkeit   inconsistency
unverfälscht   unbiased
unverträglich   incompatible
unvorhersehbar   unpredictable
unwahrscheinlich   improbable
unzählbar   innumerable, uncountable
unzugänglich   inaccessible
Urbild   inverse image
Ursprung   origin

V

variabel (veränderlich)   variable
Variable   variable
Varianzanalyse   analysis of variance
Vektor   vector
Vektoraddition   vector addition
Vektoralgebra   vector algebra
Vektorprodukt   vector product
Vektorraum   vector space
Vektorrechnung   vector calculations
Vektorsumme   vector sum

verallgemeinern   generalize
veränderlich (Veränderliche)   variable
Veranschaulichung   graphic representa-
    tion, visualization
verbessern   improve, correct
Verbesserung   improvement, correction
verbinden   join, connect
Verbindungsgesetz   associative law
Verbindungspunkt   connecting point
Verdichtung   compression, condensation
Verdopplung   duplication
Veredelung   refinement
vereinfachen   simplify
Vereinfachung   simplification
vereinigen   unite, join, combine
Vereinigung   union
Vereinigungsmenge   set union, union of
    sets
verengen   constrict, narrow
Verfahren   procedure
Verfeinerung   refinement
verfügbar   available
vergleichen   compare, match
Vergleichskriterium   comparison test
vergrößern   increase, enlarge, magnify
Verhältnis   ratio, proportion
Verhältnisgleichung   proportion
verhindern   prevent
verkehrt   reverse, inverse, inverted
verkleinern   reduce, make smaller
Verkürzungsverhältnis   reduction factor
Verlängerung   prolongation
Verlangsamung   retardation
Verlust   loss
vermehren   increase
Vermehrung   increase
vermeiden (ausweichen)   avoid
Vermessung (Land)   surveying
vermindern   decrease, reduce, diminish
vermuten   guess, imagine, expect (erwar-
    ten)
Vermutung   conjecture, guess, expectation
vernachlässigen   neglect
Verneinungsgesetz   law of negation
verpflanzen   transplant, transfer
verrechnen   miscalculate
verrücken   displace
verschieben   displace, move, shift
verschieden   distinct
Verschlüsselung   coding
versetzen   shift, transpose, transfer

Versetzung shifting, transposition, permutation

Versicherungsmathematik actuarial theory

Versicherungsmathematiker actuary

Versicherungsstatistik insurance statistics

versorgen supply

verstärken reinforce, strengthen

Versuch trial, experiment, attempt, test

versuchen attempt, try

vertauschen exchange, interchange, transpose, commute, permute

Vertauschungsgesetz commutative law

Verteilung distribution, spread, sharing

Verteilungsgesetz distributive law

vertikal vertical

Vertikalebene vertical plane

verträglich (kompatibel) compatible, consistent

vervielfachen multiply

vervollständigen complete

verwenden apply

verwerfen reject

verwirklichen realize

Verwirklichung realization

verzerrte (verfälschte) Stichprobe biased sample

Verzerrung distortion

Verzinsung yield of interest

Verzweigung ramification

vibrieren vibrate

viel many

Vieleck (Polygon) polygon

Vieleckszahl polygonal number

Vielfaches multiple

kleinstes gemeinsames Vielfaches least common multiple

Vielflächner (Polyeder) polyhedron

vier (vierte) four (fourth)

Viereck quadrangle, quadrilateral

vierfach fourfold, quadruple

Viertel quarter, fourth

vierzehn (vierzehnte) fourteen (fourteenth)

vierzig (vierzigste) forty (fortieth)

Vieta'scher Wurzelsatz Vieta's formulae

vollkommen perfect

vollkommene Zahl perfect number

Vollkreis complete circle

vollständige dritte Potenz perfect cube

vollständige Induktion mathematical induction

vollständiges Quadrat perfect square

Vollständigkeit completeness

Volumen volume

Volumseinheit cubic unit

vorausgesetzt (dass) provided (that), on condition that

voraussetzen (annehmen) assume, provide

Vorbereitung preparatory

Vorderansicht front view

Vorderglied antecedent

Vordergrund foreground

Vorgänger antecedent, predecessor

vorgehen proceed

vorher (früher) previously

vorherig previously

Vorlage (Muster) pattern

vorrücken advance, move forward

Vorschlag proposition, suggestion

vorschlagen propose

Vorschrift instructions, rule, regulation

vorstellen present, represent, visualize

Vorzahl coefficient

Vorzeichen sign

Vorzeichenänderung change of sign

W

waagrecht horizontal, level

wachsen grow, increase

wachsende Folge ascending sequence

wachsende Funktion increasing function

Wachstum growth

Wachstumsgeschwindigkeit rate of growth

Wahl choice, selection, vote

wahllos random

wahr true, correct

Wahrheitstafel truth table

Wahrheitswert truth value

Wahrscheinlichkeit probability

Wahrscheinlichkeitsrechnung theory of probability, calculus of probability

Wahrscheinlichkeitsverteilung probability distribution

Wechselbeziehung correlation

wechselseitig mutual

Weg way, path, route

Weite   width, breadth, distance
Welle   wave
wenden   turn
Wendepunkt   point of inflection
Werkzeug   tool
Wert   value, worth
Wertebereich   range of values
Wertebereich einer Funktion   range of a
    function
Wertung   score
Widerrufung   withdrawal
widersinnig   absurd
Widerspruch   contradiction
    Gesetz vom Widerspruch   law of contra-
        diction
    im Widerspruch stehen zu   be inconsistent
        with
Widerspruchsbeweis   indirect proof
Widerspruchsfreiheit   consistency
Wiederholung   repetition
Wiederkehr   recurrence
wiegen   weigh
windschiefe Geraden   skew lines
Winkel   angle
    anliegender Winkel   adjacent angle
    Außenwinkel   exterior angle
    erhabener Winkel   reflex angle
    eingeschlossener Winkel   included angle
    gegenüberliegender Winkel   opposite angle
    gestreckter Winkel   straight angle
    rechter Winkel   right angle
    spitzer Winkel   acute angle
    stumpfer Winkel   obtuse angle
Winkel-Dreiteilung   trisection of an angle
Winkelhalbierende   angle bisector,
    bisector of an angle
Winkelgrad   degree of an angle
Winkelmesser   protractor
Winkelsymmetrale   angle bisector,
    bisector of an angle
Wirksamkeit (Effizienz)   efficiency
Wissen   knowledge
wissenschaftliche Untersuchung   research
wohldefiniert   well-defined
wohlgeordnete Menge   well ordered set
wünschenswert   desirable
Wurfbahn   trajectory
Würfel   cube
Würfelverdopplung   duplication of a cube
Wurzel (Quadratwurzel)   root, radical
    (square root)

Wurzelgleichung   radical equation
Wurzelkriterium   root test
Wurzelrechnung   calculation with roots
Wurzelspirale   radical spiral
Wurzelzahl   radical number
Wurzelzeichen   radical sign

X

x-Achse   x-axis
xy-Ebene   xy-plane

Y

y-Achse   y-axis

Z

Zahl   number
    ganze Zahl   whole number, integer
    gemischte Zahl   mixed number
    gerade Zahl   even number
    imaginäre Zahl   imaginary number
    irrationale Zahl   irrational number
    komplexe Zahl   complex number
    natürliche Zahl   natural number
    negative Zahl   negative number
    positive Zahl   positive number
    rationale Zahl   rational number
    reelle Zahl   real number
    transzendente Zahl   transcendental
        number
    ungerade Zahl   odd number
    vierstellige Zahl   four-digit number
    zusammengesetzte Zahl   composite
        number
zählen   count
    rückwärts zählen   count backwards
Zahlenfolge   sequence of numbers
Zahlengerade   number line
Zahlenmenge   set of numbers
Zahlenreihe   series of numbers
Zahlenstrahl   number ray
Zahlentheorie   number theory, theory of
    numbers
Zahlentripel (teilerfremdes)   number
    triple (primitive)
Zahlenwert   numerical value

Zähler numerator
zehn (zehnte) ten (tenth)
Zehneck (Dekagon) decagon
Zehnerbasis base ten
Zehnerbruch decimal fraction
Zehnergruppe decade
Zehnerpotenz power of ten
Zehnerstelle ten's place
Zehnersystem decimal system
Zehnerzahl decimal number
Zehnflächner decahedron
Zehntel tenth
Zeichen der Durchschnittsbildung ($\cap$)
    sign of intersection
Zeichen der Elementbeziehung ($\in$)
    sign of membership relation
Zeichen der Vereinigung ($\cup$)
    sign of union
zeichnen draw, sketch, design, plot
zeigen show, demonstrate
Zeile row
Zeitplan schedule
Zeitrechnung chronology
Zenit zenith
zentral central
Zentralwert median
Zentralwinkel central angle
Zentrum center (*Am.*), centre (*Brit.*)
zerlegbar (in Faktoren) factorable
zerlegen decompose, factor
Zerlegung decomposition, dissection,
    factoring
ziehen draw, extract (a root)
Ziehen mit (ohne) Zurücklegen drawing
    with (without) replacement
Ziel aim, goal, target
Zielbereich range
Ziffer figure, digit
Ziffernsumme (Quersumme)
    sum of the digits
Zinsen interest
    einfache Zinsen simple interest
    4 % Zinsen 4 % interest
Zinseszinsen compound interest
Zinsperiode interest period
Zinsrate (Zinssatz) rate of interest
Zirkel pair of compasses
zufällig random
zufällige Reihenfolge random order
zufälliger Fehler random error
zufälliges Ereignis random event

Zufallsauswahl random sample
Zufallsvariable random variable
Zufallszahl random number
zufrieden content, satisfied
Zug path, circuit, track, pull, tension
zugehörig belonging, accompanying
Zunahme increase, growth
zunehmen increase, grow
Zuordnung correlation, correspondent
zurücklegen replace
zurückziehen withdraw
„zusammenfallender Zirkel" pair of
    collapsible compasses
Zusammenfassung summary
zusammengesetzte Zahl composite
    number
zusammenhängend connected
zustandebringen (leisten) achieve
zuteilen (Aufgabe) assign (to),
    give (to)
Zuverlässigkeit reliability
Zuweisung assignment
zwanzig (zwanzigste) twenty (twentieth)
Zwanzigflächner (Ikosaeder)
    icosahedron
Zweck purpose
zwei (zweite) two (second)
zweideutig (unklar) ambiguous
zweidimensional two-dimensional
Zweiersystem binary system
zweifach double
Zweig branch
zweimal twice
zweiseitig bilateral
zweistellige (zweiziffrige) ganze Zahl
    two-digit integer
zweitens secondly
zwischen between
Zwischenwertsatz intermediate value
    theorem
zwölf (zwölfte) twelve (twelfth)
Zwölfeck (Dodekagon) dodecagon
Zwölfflächner (Dodekaeder) dodeca-
    hedron
Zwölftel twelfth
zyklisch cyclic
zyklische Gruppe cyclic group
zyklische Permutation cyclic
    permutation
Zykloide cycloid
Zyklus cycle

Zylinder   cylinder
  abgeschnittener Zylinder   truncated cylinder
  gerader Zylinder   right cylinder
  Kreiszylinder   circular cylinder

schiefer Zylinder   oblique cylinder
schräg abgeschnittener Zylinder   obliquely truncated cylinder
Zylinderoberfläche   cylindrical surface

3. Teil
Schreib- und Sprechweise
mathematischer Ausdrücke

Numbers and Sets of Numbers

Zahlen und Zahlenmengen

Numbers

In both languages all digits are written the same manner exept for 1 and 7.

Zahlen

In beiden Sprachen werden alle Ziffern gleich geschrieben, ausgenommen 1 und 7.

$1, 7 \qquad 1, 7$

U. S. Decimal System

Das Dezimalsystem (Europa)

English		Deutsch
one	10^0	eins
ten	10^1	zehn
one hundred	10^2	einhundert
one thousand	10^3	eintausend
one million	10^6	eine Million
one **billion**	10^9	eine **Milliarde**
one trillion	10^{12}	eine Billion
one quadrillion	10^{15}	eine Billiarde
one quintillion	10^{18}	eine Trillion
one sextillion	10^{21}	eine Trilliarde
one septillion	10^{24}	eine Quadrillion
one octillion	10^{27}	eine Quadrilliarde
one nonillion	10^{30}	eine Quintillion

Note: There are **no milliards** in the U. S. Decimal System!

Read the number:
35 billion 875 million
12 thousand five

35,875,012,005 *(Am.)*
35 875 012 005

Lies die Zahl:
35 Milliarden 875 Millionen
12 tausend fünf

Commas for periods of three digits are used to help read a number.

Mit Hilfe von Zwischenräumen werden die Ziffern in Dreiergruppen gegliedert.

Sets of numbers

Zahlenmengen

English		Deutsch
set of whole numbers	$\mathbb{W} = \{0,1,2,3,\ldots\} = \mathbb{N}$	Menge der natürlichen Zahlen
set of natural numbers	$\mathbb{N} = \{1,2,3,\ldots\} = \mathbb{N}^*$	Menge der natürlichen Zahlen ohne Null
set of integers	$\mathbb{Z} = \{\ldots, -1, 0, +1, \ldots\}$	Menge der ganzen Zahlen
set of rational numbers	$\mathbb{Q}$	Menge der rationalen Zahlen
set of irrational numbers	$\mathbb{I}$	Menge der irrationalen Zahlen
set of real numbers	$\mathbb{R} = \mathbb{Q} \cup \mathbb{I}$	Menge der reellen Zahlen
set of imaginary numbers	$\mathbb{I}\mathrm{m}$	Menge der imaginären Zahlen
set of complex numbers	$\mathbb{C}$	Menge der komplexen Zahlen

Special sets of numbers		**Besondere Zahlenmengen**
set of non-negative even integers	$\{0,2,4,6,8,\ldots\}$	Menge der geraden natürlichen Zahlen
set of positive odd integers	$\{1,3,5,7,9,\ldots\}$	Menge der ungeraden natürlichen Zahlen
set of positive multiples of 4	$\{4,8,12,16,\ldots\}$	Menge der positiven Vielfachen von 4
set of positive divisors of 10	$\{1,2,5,10\}$	Menge der positiven Teiler von 10
Representation of the (real) numbers on a **number line.**		Darstellung der (reellen) Zahlen auf der **Zahlengeraden.**

$$\xleftarrow{\quad}\underset{-2\quad-1\quad\;0\quad+1\quad+2}{+\;\;+\;\;+\;\;+\;\;+}\xrightarrow{\quad}$$

Calculation Terms

Fachausdrücke der Rechenoperationen

Addition

a plus b equals c $a + b = c$

\\\   / |

addends   sum

Addition

a plus b ist gleich c

\\\   / |

Summanden   Summe

Subtraction

a minus b equals c $a - b = c$

| \\\   \\\

minuend subtrahend difference

Subtraktion

a minus b ist gleich c

| \\\   \\\

Minuend Subtrahend Differenz

Multiplication

a times b equals c $a \times b = c$ $a \cdot b = c$

\\\   / |

 factors   product

Multiplikation

a mal b ist gleich c

\\\   / |

Faktoren   Produkt

Division

a divided by b equals c $a \div b = c$ $a : b = c$

| | |

dividend divisor quotient

Division

a dividiert durch b ist gleich c

| | |

Dividend   Divisor   Quotient

Raising to a power

a to the nth power a^n

a to the nth

the nth power of a

  a^n ... power

  a ... base

  n ... exponent

Potenzieren

a hoch n

a zur n-ten

n-te Potenz von a

  a^n ... Potenz

  a ... Basis (Grundzahl)

  n ... Exponent (Hochzahl)

Extracting the root

the nth root of a $\sqrt[n]{a}$

  a ... radicand

  n ... index

Radizieren (Wurzelziehen)

n-te Wurzel aus a

  a ... Radikand

  n ... Wurzelexponent

Spelling of Numbers

Sprechweise von Zahlenausdrücken

Decimals

Dezimalzahlen

. decimal point

, Komma

| point seven (seven tenths) | .7 | 0,7 | null Komma sieben (sieben Zehntel) |

| four hundred fifty-seven point six | 457.6 | 457,6 | vierhundertsiebenundfünfzig Komma sechs |

repeating (periodic) decimals — periodische Dezimalzahlen

point three five repeating $\overline{.35} = .353535\ldots$ null Komma fünfunddreißig
$0,\overset{\bullet\bullet}{3}5 = 0,353535\ldots$ periodisch

$$.7\overline{3}$$
/ \
non-repeating   repeating

$$0,7\overset{\bullet}{3}$$
· / \
Vorperiode   Periode

Fractions

Brüche

| a over b / a divided by b | $\dfrac{a}{b}$ $(b \neq 0)$ | a durch b / a dividiert durch b |

three fourths
3 ... numerator
4 ... denominator
$$\frac{3}{4}$$
drei Viertel
3 ... Zähler
4 ... Nenner

| proper fraction | $\dfrac{2}{3} < 1$ | echter Bruch |

| improper fraction | $\dfrac{7}{6} > 1$ | unechter Bruch |

| mixed number | $2\dfrac{3}{4}$ | gemischte Zahl |

| decimal fraction (denominator is a power of 10) | $\dfrac{7}{10}$ | Dezimalbruch (Nenner ist eine Zehnerpotenz) |

| unit fraction (numerator is 1) | $\dfrac{1}{8}$ | Stammbruch (Zähler ist 1) |

| complex fraction | $\dfrac{\frac{2}{3}}{\frac{4}{5}}$ | Doppelbruch |

| continued fraction | $1 + \cfrac{1}{1 + \cfrac{1}{2 + \cfrac{1}{3 \ldots}}}$ | Kettenbruch |

Positive and negative numbers

Positive und negative Zahlen

positive three (plus three)	$(+3)$	plus drei
negative five (minus five)	(-5)	minus fünf
two minus negative five	$2 - (-5)$	zwei minus minus fünf

| the absolute value of x or: absolute x | $|x|$ | der absolute Betrag von x oder: der Betrag von x |

Powers, root numbers, irrationals		**Potenzen, Wurzeln, irrationale Zahlen**
five squared or: five to the second power two to the minus seventh power	5^2 2^{-7}	fünf zum Quadrat oder: fünf hoch zwei zwei hoch minus sieben
perfect square	25	Quadratzahl
square root of two	$\sqrt{2}$	(Quadrat)Wurzel aus zwei
cube root of four	$\sqrt[3]{4}$	dritte Wurzel aus vier
the fourth root of five	$\sqrt[4]{5}$	vierte Wurzel aus fünf
$e = 2.71\ldots$ is the Euler number (base of the natural logarithm)	e	$e = 2{,}71\ldots$ ist die Euler'sche Zahl (Basis des natürlichen Logarithmus)
$\pi = 3.14\ldots$ (read π as "pie") Ratio of the circumference of a circle to its diameter.	π	$\pi = 3{,}14\ldots$ Verhältnis des Kreisumfangs zum Durchmesser.

Complex numbers   Komplexe Zahlen

complex plane defined by the real axis (unit 1) and the imaginary axis (unit i)		Gauß'sche Zahlenebene festgelegt durch die reelle Achse (Einheit 1) und die imaginäre Achse (Einheit i)
i squared equals –1	$i^2 = -1$	i zum Quadrat ist gleich –1
imaginary number "five i"	$5i$	imaginäre Zahl „fünf i"
complex number a . . . real part b . . . imaginary part (cartesian coordinates)	$z = a + bi$	komplexe Zahl a . . . Realteil b . . . Imaginärteil (kartesische Koordinaten)
z and z^* are a conjugate pair of complex numbers	$z = a + bi$ $z^* = a - bi$	z und z^* sind ein konjugiert komplexes Zahlenpaar
polar coordinates r . . . the absolute value of z φ . . . the argument of z	$z = (r,\, \varphi)$	Polarkoordinatendarstellung r . . . der Betrag von z φ . . . das Argument von z

Divisors and Multiples   Teiler und Vielfache

b divides a b does not divide a	$b \mid a$ $b \nmid a$	b ist ein Teiler von a b ist kein Teiler von a
greatest common divisor (g.c.d.)	g.c.d. $(12, 18) = 6$ ggT $(12, 18) = 6$	größter gemeinsamer Teiler (ggT)
g.c.d. $(a, b) = 1 \rightarrow a$ und b are relatively prime least common multiple (l.c.m.)	l.c.m. $(6, 8) = 24$ kgV $(6, 8) = 24$	ggT $(a, b) = 1 \rightarrow a$ und b sind teilerfremd oder relativ prim kleinstes gemeinsames Vielfaches (kgV)

Reading Mathematical Expressions

Sprechweise von Rechenausdrücken

Two plus three equals five.
The sum of two and three is five.

$$2 + 3 = 5$$

Zwei plus drei ist fünf.
Die Summe von zwei und drei ist fünf.

Twelve minus seven equals five.
The difference between twelve and seven is five.

$$12 - 7 = 5$$

Zwölf minus sieben ist fünf.
Die Differenz von zwölf und sieben ist fünf.

Negative four minus positive two equals negative six.

$$(-4) - (+2) = -6$$

Minus vier minus plus zwei ist gleich minus sechs.

Two multiplied by eight is sixteen.
Two times eight equals sixteen.
The product of two and eight is sixteen.

$$2 \times 8 = 16 \qquad 2 \cdot 8 = 16$$

Zwei mal acht ist sechzehn.
Das Produkt von zwei und acht ist sechzehn.

Eight divided by two is four.
The quotient of eight divided by two is four.

$$8 \div 2 = 4 \qquad 8 : 2 = 4$$

Acht dividiert durch zwei ist vier.
Der Quotient von acht und zwei ist vier.

$$17 \div 3 = 5 \text{ remainder } 2$$
Seventeen divided by three is five with a remainder of two.

$$17 : 3 = 5$$
$$2 \text{ R}$$
Siebzehn dividiert durch drei ist fünf, Rest zwei.

Two to the third power is eight.
Two cubed equals eight.

$$2^3 = 8$$

Zwei zur dritten (Potenz) ist acht.
Zwei hoch drei ist acht.

a to the third (power) times b squared times c to the fifth (power)
or: a cubed, b squared, c to the fifth

$$a^3 \cdot b^2 \cdot c^5$$

a hoch drei mal b hoch zwei mal c hoch fünf

Two x minus five equals nine.
Two x minus five is greater than or equal to nine.

$$2x - 5 = 9$$
$$2x - 5 \geqslant 9$$

Zwei x minus fünf ist neun.
Zwei x minus fünf ist größer oder gleich neun.

x to the minus three equals one over x to the third (power).

$$x^{-3} = \frac{1}{x^3}$$

x hoch minus drei ist gleich eins dividiert durch x hoch drei.

a to the two-thirds equals the cube root of a squared.

$$a^{\frac{2}{3}} = \sqrt[3]{a^2}$$

a hoch zwei Drittel ist gleich der dritten Wurzel aus a zum Quadrat.

three times the square root of two, over five

$$\frac{3\sqrt{2}}{5}$$

drei mal Quadratwurzel aus zwei dividiert durch fünf

x cubed over (or: divided by) the fourth root of five

$$\frac{x^3}{\sqrt[4]{5}}$$

x hoch drei dividiert durch die vierte Wurzel aus fünf

Different kinds of brackets

( ) and [ ] are symbols of grouping used to tell which operation is to be performed first considering that the usual arithmetic order is not maintained: Multiplication/Division before Addition/Subtraction.

parentheses *(Am.)*, brackets *(Brit.)*

brackets *(Am.)*, square brackets *(Brit.)*

braces

$$(\;)$$
$$[\;]$$
$$\{\;\}$$

two bracket *a* minus parenthesis three plus *b* close parenthesis close bracket *(Am.)*
or: two square bracket *a* minus bracket three plus *b* close bracket close square bracket *(Brit.)*

$$2\,[a - (3 + b)]$$

the quantitiy *a* plus *b* to the fourth power
or: *a* plus *b* (pause) to the fourth
or: *a* plus *b* in parentheses to the fourth

$$(a + b)^4$$

x minus two, times *x* plus three is greater than one.

$$(x - 2)(x + 3) > 1$$

a prime
a double prime
five feet
five inches

$$a'$$
$$a''$$
$$5'$$
$$5''$$

a sub one
a sub one *x* sub one plus *a* sub two *x* sub two

$$a_1$$
$$a_1 x_1 + a_2 x_2$$

Logarithms

logarithm of five with a base *a*
or: logarithm five, base *a*

$$\log_a 5$$

logarithm of *x* with a base *a* equals *b*
or: logarithm *x*, base a equals *b*

$$\log_a x = b$$

Natural logarithm of e equals one.

$$\ln e = 1$$

Any positive number can be expressed as a power of 10. The exponent is called logarithm:
      1.6026 . .
       /   \
characteristic   mantissa

$$40 = 10^{1,6026\,\ldots}$$
$$\log_{10} 40 = 1,6026\,\ldots$$

Verschiedene Arten von Klammern

( ) und [ ] sind Symbole, die anzeigen, welche Rechenoperation zuerst durchgeführt werden muss, wenn die übliche Reihenfolge Multiplikation/Division vor Addition/Subtraktion nicht eingehalten wird.

runde Klammern

eckige Klammern

geschwungene Klammern

zwei mal eckige Klammer auf, *a* minus runde Klammer auf, drei plus *b*, runde und eckige Klammer geschlossen

Klammer *a* plus *b* (Pause) hoch vier
oder: *a* plus *b* in Klammern hoch vier

x minus zwei mal *x* plus drei ist größer als eins.

a Strich
a zwei Strich
fünf Fuß
fünf Inches

a eins
a eins, *x* eins plus *a* zwei, *x* zwei

Logarithmen

der Logarithmus von fünf zur Basis *a*

Der Logarithmus von *x* zur Basis *a* ist gleich *b*.

Der natürliche Logarithmus von e ist eins.

Jede positive Zahl kann als Potenz von 10 dargestellt werden. Der Exponent wird Logarithmus genannt:
      1,6026 . . .
       /   \
Kennzahl   Mantisse
(Charakteristik)

Ratios, Proportions

ratio of a to b $\qquad a:b \quad \dfrac{a}{b}$

a is directly proportional to b. $\qquad a = k\,b$

a is indirectly(inversely) proportional to b. $\qquad a = \dfrac{k}{b}$

Proportion:
a is to b as c is to d. $\qquad a:b = c:d$

arithmetic mean $\qquad \dfrac{a+b}{2}$

geometric mean $\qquad \sqrt{a \cdot b}$

harmonic mean $\qquad \dfrac{2\,a \cdot b}{a+b}$

Percent

Percent means per hundred. $\qquad \%$
60 % of 85 equals 51.
   60 % (= .60) ... rate
   85 ... base
   51 ... part

Calculation of Interest

Simple interest:
The principal is constant.

Interest equals principal times rate times time. $\qquad I = p \times r \times t$
   I ... interest
   p ... principal (constant)
   r ... rate of interest (% annual)
   t ... time in years

Compound Interest:
The principal is not constant.

Compound interest (after n years) equals the original principal times the quantity one plus i over one hundred, taken to the nth power.

$$I_n = p \cdot \left(1 + \frac{i}{100}\right)^n$$

p ... principal
I_n ... compound yields
$i\,\%$ ... interest rate (annual)
n ... time (in years)

Verhältnisse, Proportionen

Verhältnis a zu b

a ist direkt proportional zu b.
a und b stehen im direkten (geraden) Verhältnis zueinander.

a ist indirekt proportional zu b.
oder: a und b stehen im indirekten (umgekehrten) Verhältnis zueinander.

Proportion (Verhältnisgleichung):
a verhält sich zu b wie c zu d.

arithmetisches Mittel

geometrisches Mittel

harmonisches Mittel

Prozentrechnung

Prozent bedeutet „von Hundert".
60 % von 85 ist 51.
   60 ... Prozentsatz
   85 ... Grundwert
   51 ... Prozentwert

Zinsenrechnung

Einfache Zinsen:
Das Kapital ist konstant.

Zinsen sind gleich Kapital mal Prozent mal Zeit dividiert durch 100.

$$Z = \frac{K \cdot p \cdot t}{100}$$

   Z ... Zinsen
   K ... Kapital (konstant)
   p ... Zinssatz (Prozentsatz p.a.)
   t ... Zeit in Jahren

Zinseszinsen:
Das Kapital bleibt nicht konstant.

Das Endkapital (nach n Jahren) ist gleich dem Anfangskapital multipliziert mit dem Klammerausdruck eins plus p gebrochen durch hundert hoch n.

$$E_n = K \left(1 + \frac{p}{100}\right)^n$$

K ... Anfangskapital
E_n ... Endkapital nach n Jahren
p ... Zinssatz
n ... Zeit (in Jahren)

Expressions and Equations

Terme und Gleichungen

Expression:
a mathematical phrase involving
letters, numbers and operation
symbols.

$5; 3a; 4x + 1$

Term:
ein mathematischer Ausdruck
(eindeutig), der Buchstaben,
Zahlen und Operationszeichen
enthalten kann.

Equation in the variable x:
Two expressions involving the
same variable x are equated.

$6x + 3 = 2x - 9$

Gleichung in der Variablen x:
Zwei Terme, die die Variable
enthalten (können), werden
gleichgesetzt.

literal equation

$3bx + ax = 2b$

Gleichung mit allgemeinen
Koeffizienten (Formvariablen)

Domain D:
The set of all possible values of the
variable of an equation.

Definitionsmenge D:
Die Menge aller möglichen Werte
der Variablen einer Gleichung.

The Quadratic Equation:
standard form of quadratic
equation

$ax^2 + bx + c = 0$

Die quadratische Gleichung:
allgemeine quadratische
Gleichung

Quadratic formula:
x equals minus b plus or minus the
square root of b squared minus four
ac all over two a.

$$x = \frac{-b \pm \sqrt{b^2 - 4ac}}{2a}$$

Lösungsformel:
x ist gleich minus b plus oder
minus Wurzel aus b Quadrat minus
vier ac dividiert durch zwei a.

The discriminant gives information
about the roots.

$b^2 - 4ac$

Die Diskriminante gibt Auskunft
über die Lösungen.

The solution set consists of the two
solutions x_1 and x_2.

$L = \{x_1, x_2\}$

Die Lösungsmenge besteht aus den
zwei Lösungen x_1 und x_2.

System of linear equations in two
variables:
a sub one x plus b sub one y equals
c sub one. a sub two x plus b sub
two y equals c sub two.

$a_1 x + b_1 y = c_1$
$a_2 x + b_2 y = c_2$

Lineares Gleichungssystem in
zwei Variablen:
a eins x plus b eins y ist gleich c
eins. a zwei x plus b zwei y ist
gleich c zwei.

Matrix:
A rectangular array of elements set
out in rows and columns.

Matrix:
Ein rechteckiges Schema von
Elementen, die in Zeilen und
Spalten angeordnet sind.

A is a 2-by-3 matrix
or: a 2×3 matrix (2 rows and
3 columns)

$$A = \begin{pmatrix} a_1 & b_1 & c_1 \\ a_2 & b_2 & c_2 \end{pmatrix}$$

A ist eine zwei, drei Matrix
(2 Zeilen und 3 Spalten)

determinant of rank two

$$D = \begin{vmatrix} a & b \\ c & d \end{vmatrix}$$

zweireihige Determinante

Functions, Sequences and Series

A **function** f is an unique mapping between the elements of the domain D to the elements of the range.

$$f: x \mapsto f(x)$$
$$x \in D$$

y equals f of x

$$y = f(x)$$

f of x equals the set of all x's such that x is greater than two

$$f(x) = \{x \mid x > 2\}$$

the ordered pair two, five

$$(2, 5)$$

f equals the set of ordered pairs (x, y) such that y equals two x minus one.

$$f = \{(x, y) \mid y = 2x - 1\}$$

A sequence of numbers is an ordered set of numbers.

finite sequence
$$a_1, a_2, \ldots a_n$$
infinite sequence
$$a_1, a_2, \ldots a_n, \ldots$$

Properties of sequences:

strictly monotonic increasing
$$a_n < a_{n+1}$$
monotonic increasing:
$$a_n \leqslant a_{n+1}$$
a sub n is less than or equal to a sub n plus one.

strictly monotonic decreasing
$$a_n > a_{n+1}$$
monotonic decreasing:
$$a_n \geqslant a_{n+1}$$
a sub n is greater than or equal to a sub n plus one.

The sequence a_n is bounded above, M is the upper bound.

$$a_n \leqslant M$$

The limit of the sequence a_n as n approaches infinity is α.

$$\lim_{n \to \infty} a_n = \alpha$$

A convergent sequence has a limit, a divergent has no limit.

A finite (infinite) **series** is the sum of a finit (infinite) sequence.

$$s_n = a_1 + a_2 + \ldots a_n$$

Notation with the addition sign:
The sum a sub i, from i equals 1 to n, equals s_n

$$\sum_{i=1}^{n} a_i = s_n$$

Funktionen, Folgen und Reihen

Eine **Funktion** ist eine eindeutige Zuordnung von den Elementen der Definitionsmenge D zu den Elementen der Wertemenge.

y ist gleich f von x

f von x ist die Menge aller x, für die gilt: x ist größer als zwei

das geordnete Zahlenpaar zwei, fünf

f ist die Menge aller geordneten Zahlenpaare (x, y) für die gilt: y ist gleich zwei x minus eins.

Eine **Zahlenfolge** ist eine geordnete Menge von Zahlen.

endliche Folge
unendliche Folge

Eigenschaften von Folgen:

streng monoton wachsend
monoton wachsend:
a_n ist kleiner oder gleich a_{n+1}.

streng monoton fallend
monoton fallend:
a_n ist größer oder gleich a_{n+1}.

Die Folge a_n ist nach oben beschränkt, M ist die obere Schranke.

Der Grenzwert der Folge a_n für n gegen Unendlich ist α.

Eine konvergente Folge hat einen Grenzwert, eine divergente hat keinen Grenzwert.

Eine endliche (unendliche) **Reihe** ist die Summe einer endlichen (unendlichen) Folge.

Schreibweise mit dem Summenzeichen:
Die Summe aller a_i, für i ist gleich 1 bis n, ist gleich s_n

Differential calculus

Differentialrechnung

A real function $y = f(x)$ is continuous at a point a if and only if it is definded at $x = a$ and the limit of $f(x)$ as x approaches a is $f(a)$.

$$\lim_{x \to a} f(x) = f(a)$$

Eine reelle Funktion $y = f(x)$ ist in einem Punkt a stetig genau dann, wenn sie für $x = a$ definiert ist und der Grenzwert von $f(x)$ für x gegen a gleich $f(a)$ ist.

The continuity is a necessary but not sufficient condition for differentiability.

Breaks or discontinuities: pole, jump, gap

Die Stetigkeit ist eine notwendige aber nicht hinreichende Bedingung für die Differenzierbarkeit.

Unstetigkeitsstellen: Polstelle, Sprungstelle, Lücke

Quotient of differences (slope of a line): $\dfrac{\Delta y}{\Delta x}$

delta y over delta x
   Δ . . . symbol for difference

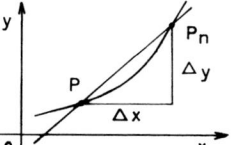

Differenzenquotient (Steigerung der Sekante): $\dfrac{\Delta y}{\Delta x}$

delta y durch delta x
   Δ . . . Symbol für Differenz

$\dfrac{\mathrm{d}y}{\mathrm{d}x}$ is the limit of $\dfrac{\Delta y}{\Delta x}$ as Δx approaches 0.

$$\frac{\mathrm{d}y}{\mathrm{d}x} = \lim_{\Delta x \to 0} \frac{\Delta y}{\Delta x}$$

$\dfrac{\mathrm{d}y}{\mathrm{d}x}$ ist der Grenzwert von $\dfrac{\Delta y}{\Delta x}$, wenn Δx nach 0 strebt.

Derivative of the function $y = f(x)$:
dy over dx (slope of the tangent)

$$\frac{\mathrm{d}y}{\mathrm{d}x}$$

Ableitung der Funktion $y = f(x)$:
dy nach dx (Steigung der Tangente)

The first derivative of x^n is n times x to the $(n-1)$th power.

$$y = x^n$$
$$y' = n \cdot x^{n-1}$$

Die erste Ableitung von x^n ist n mal x hoch $n-1$.

The second derivative:
y double prime equals d squared y over dx squared

$$y'' = \frac{\mathrm{d}^2 y}{\mathrm{d}x^2}$$

Die zweite Ableitung:
y zwei Strich ist gleich d Quadrat y nach dx Quadrat

Integral calculus

Integralrechnung

indefinite integral of $f(x)$

$$\int f(x)\,\mathrm{d}x$$

unbestimmtes Integral von $f(x)$

definite integral of $f(x)$ taken from a to b
   a is the lower limit, and
   b is the upper limit of integral.

$$\int_a^b f(x)\,\mathrm{d}x$$

bestimmtes Integral von $f(x)$ von a bis b
   a ist die untere Grenze und
   b ist die obere Grenze des Integrals.

Set Symbols and Logic Symbols

Symbole aus der Mengenlehre und Logik

is the element of	$\in$	ist Element von
is not the element of	$\notin$	ist kein Element von
A is a subset of B	$A \subseteq B$	A ist eine Teilmenge von B
A is a proper subset of B	$A \subset B$	A ist eine echte Teilmenge von B
union of the sets A and B	$A \cup B$	Vereinigung(smenge) der Mengen A und B
intersection of the sets A and B	$A \cap B$	Durchschnitt(smenge) der Mengen A und B
empty set or null set	$\varnothing$, $\{\}$	leere Menge
disjoint sets	$A \cap B = \{\}$	disjunkte (elementfremde) Mengen
A prime is the complement of set A in set G.	$A' = G \setminus A$	A Strich ist die Komplement-menge von A bezüglich der Grundmenge G.
A is equivalent to B.	$A \sim B$	A ist äquivalent zu B.
A is the set of all x's such that ...	$A = \{x \mid \ldots\}$	A ist die Menge aller x, für die gilt ...
Cartesian product or Cross product of the sets A and B	$A \times B$	Produktmenge (Kreuzmenge, Kreuzprodukt) der Mengen A und B
Set of ordered pairs	$\{(1,2), (3,4), (5,6)\}$	Menge von geordneten Paaren
Negation: not p	$\sim p$ $\qquad \neg p$	Negation: nicht p
Conjunction: p and q	$p \wedge q$	Konjunktion: p und q
Disjunction: p or q	$p \vee q$	Alternative: p oder q
Implicaton: if p then q or: p implies q	$p \rightarrow q$	Implikation: wenn p, dann q oder: p impliziert q
Existential quantifier: there exists ...	$\exists$	Existenzquantor: es existiert ein ...
Universal quantifier: for all ...	$\forall$	Allquantor: für alle ...

Intervals

Intervalle

closed interval a, b	$[a, b]$ $a \leqslant x \leqslant b$	abgeschlossenes Intervall a, b
open intervall a, b	(a, b) or $]a, b[$ $a < x < b$	offenes Intervall a, b
half open interval (a closed, b open or: from a included to b excluded)	$[a, b)$ or $[a, b[$ $a \leqslant x < b$	halb offenes Intervall (a abgeschlossen, b offen)

Algebraic Structures

Group properties

Example:
Set of real numbers with respect to
addition

$$(\mathbb{R},\ +)$$
$$a, b, c \in \mathbb{R}$$

1. Closure property
The sum of any two real numbers is
a real number.

$$a + b = c$$

2. Associative property
If there are three addends you can
combine as shown.

$$(a + b) + c = a + (b + c)$$

3. Identity property
The number zero is called the
additive identity element.

$$a + 0 = 0 + a = a$$

4. Inverse property
The number $(-a)$ is called the
additive inverse element of a.

$$a + (-a) = (-a) + a = 0$$

5. Commutative property
For any real number a and b the
order of addends is interchangeable.

$$a + b = b + a$$

A group for which the defined
operation is commutative is called
a **commutative or Abelian group.**

Field Properties

Example: Real field

Set of real numbers with respect to
addition and to multiplication

$$(\mathbb{R},\ +,\ \cdot)$$

1. Commutative group with respect
to addition.

$$(\mathbb{R},\ +)$$

2. For every nonzero number:
commutative group with resepct to
multiplication.

$$(\mathbb{R} \setminus \{0\},\ \cdot)$$

3. Distributive property: combines
addition and multiplication.

$$a(b + c) = ab + ac$$

Algebraische Strukturen

Gruppeneigenschaften

Beispiel:
Menge der reellen Zahlen bezüglich der Addition

1. Abgeschlossenheit
Die Summe von zwei beliebigen
reellen Zahlen ist wieder eine
reelle Zahl.

2. Assoziativgesetz
Bei drei reellen Zahlen kann man
beliebig Teilsummen bilden.

3. Neutrales Element
Die Zahl Null ist das neutrale
Element der Addition.

4. Inverses Element
Die Zahl $(-a)$ ist das inverse
Element zu a bezüglich der
Addition.

5. Kommutativgesetz
Die Reihenfolge zweier Summanden a und b kann vertauscht
werden.

Eine Gruppe für die auch das Kommutativgesetz definiert ist, heißt
**kommutative oder Abelsche
Gruppe.**

Körpereigenschaften

Beispiel: Körper der reellen
Zahlen

Menge der reellen Zahlen bezüglich der Addition und der Multiplikation

1. Kommutative Gruppe bezüglich
der Addition.

2. Für alle von null verschiedenen
Zahlen: kommutative Gruppe
bezüglich der Multiplikation.

3. Distributivgesetz: vereinigt die
Addition und die Multiplikation.

Statistics

Statistik

population $\qquad N$ Grundgesamtheit
population size — Umfang der Grundgesamtheit

sample: set of individuals (events) selected from a population — Stichprobe: Menge von Einheiten (Ereignissen), die aus der Grundgesamtheit entnommen werden

sample size $\qquad n$ Umfang der Stichprobe

Frequency

Häufigkeit

The absolute frequency is the number of occurrences of an event with some property.

$$n_j$$
$$j = 1, 2, \ldots k$$
$$n_1 + n_2 + \ldots + n_k = n$$

Die absolute Häufigkeit gibt an, wie oft ein bestimmtes Ergebnis in einer Beobachtungsserie auftritt.

The relative frequency is the ratio of the absolute frequency to the total sample size n.

$$h_j = \frac{n_j}{n}$$

Die relative Häufigkeit ist der Quotient aus der absoluten Häufigkeit n_j und dem Stichprobenumfang n.

A **Histogram** is a chart that represents a frequency distribution consisting of rectangles. The height of each rectangle is proportional to the frequency.

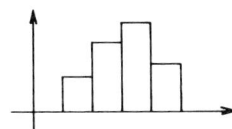

Ein **Histogramm** ist eine grafische Darstellung der Häufigkeitsverteilung durch Rechtecke. Die Höhe jedes Recktecks ist direkt proportional zur Häufigkeit.

Measures of central tendency locate the center of a distribution.

Kenngrößen der Lage legen das Zentrum einer Verteilung fest.

The **arithmetic mean** is the sum of a set of data divided by the number of data.

$$\bar{x} = \frac{1}{n} \sum_{i=1}^{n} x_i$$

Das **arithmetische Mittel** ist die Summe der Menge von Messwerten dividiert durch ihre Anzahl.

The **median** m is the value in the middle position in the set of measurements ordered from the smallest to the largest.

$$x_1, x_2, x_3, x_4, x_5$$
$$\uparrow$$
$$m$$

Der **Median** (Zentralwert) m ist der Wert in der Mitte einer der Größe nach geordneten Menge von Messwerten.

The **mode** is the most frequently occurring value in a set of data.

Der **Modus** ist der am häufigsten vorkommende Wert in einer Menge von Daten.

Measures of variability or dispersion

Kenngrößen der Streuung

The **range** of a set of n measurements is the difference between the largest and the smallest.

$$R = x_{max} - x_{min}$$

Die **Spannweite** von n Messgrößen ist die Differenz zwischen dem größten und dem kleinsten Wert.

The **variance of a sample** of n measurements equals the sum of the squares of the deviations of the measurements about their means divided by $(n-1)$.

$$s^2 = \frac{1}{n-1} \sum_{i=1}^{n} (x_i - \bar{x})^2$$

Die **Varianz einer Stichprobe** von n Messgrößen ist die Summe der Quadrate der Abweichungen der Messgrößen von ihrem Mittelwert dividiert durch $(n-1)$.

The **standard deviation** of a set of measurements is equal to the positive square root of the variance.

$$s = \sqrt{s^2}$$

Die **Standardabweichung** einer Stichprobe ist gleich der positiven Quadratwurzel aus der Varianz.

Combinatorial analysis

A **permutation** of n objects is an arrangement of these objects into a particular order.

$P(n)$ is the number of permutations of n different objects.

$$P(n) = n!$$

n factorial equals the product of the first n natural numbers.

$$n! = 1 \cdot 2 \cdot \ldots \cdot n$$

Each selection of k objects of a set with n different elements (without respect to the order) is called a **combination** of n objects taken k at a time.

$$C(n, k)$$

$C(n, k)$ is the number of combinations of n objects taken k at a time (read: n over k).

$$C(n, k) = \binom{n}{k}$$

Probability calculation

Sample space:
set of all possible outcomes in an experiment

Event:
particular outcome of an experiment

$P(E)$ is the probability of an event E.

$$P(E)$$

Given a sample space having n equally likely outcomes and s ways for a particular event to occur, the probability of that event occurring is the quotient s over n.

$$P(E) = \frac{s}{n}$$
$$(0 \leqslant s \leqslant n)$$

certain event
impossible event

$$0 \leqslant P \leqslant 1$$
$$P(E) = 1$$
$$P(E) = 0$$

Kombinatorik

Eine **Permutation** von n Elementen ist eine Anordnung dieser Elemente in einer bestimmten Reihenfolge.

$P(n)$ ist die Anzahl der Permutationen von n verschiedenen Elementen.

n Faktorielle ist gleich dem Produkt der natürlichen Zahlen von 1 bis n.

Jede Auswahl von k Elementen aus einer Menge mit n verschiedenen Elementen (ohne Rücksicht auf die Reihenfolge) heißt eine **Kombination** von n Elementen zur k-ten Klasse.

$C(n, k)$ ist die Anzahl der Kombinationen von n Elementen zur k-ten Klasse (sprich: n über k).

Wahrscheinlichkeitsrechnung

Stichprobenraum:
Menge aller möglichen Ergebnisse eines Experiments

Ereignis:
spezielles Ergebnis eines Experiments

$P(E)$ ist die Wahrscheinlichkeit, dass ein Ereignis E bei einem Zufallsexperiment eintritt.

Bedeutet n die Anzahl aller gleich möglichen Fälle eines Experiments und s die Anzahl der Fälle, bei denen ein bestimmtes Ereignis eintritt, dann ist die Wahrscheinlichkeit dieses Ereignisses der Quotient von s durch n.

sicheres Ereignis
unmögliches Ereignis

Line, Line Segment, Ray

$\overleftrightarrow{AB}$ ... line AB

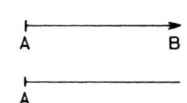

$\overline{AB}$ ... line segment AB

AB ... length of segment AB

$AB = 2$ cm

$\overrightarrow{AB}$ ... vector (arrow) from A to B

ray or half-line with the endpoint A

Equality of line segments

The measure of AB is equal to the measure of CD:
$$AB = CD$$
or:
The segment AB is congruent to the segment CD: $\overline{AB} \cong \overline{CD}$

Position of lines

Parallel lines (in the plane) are lines that do not intersect.

identical (overlapping) lines

Intersecting lines are lines that have exactly one common point P.

Perpendicular lines form four right angles at their point of intersection, symbol $\llcorner$.

Skew lines are not parallel and not intersecting. They are not in the same plane.

Directions
horizontal
vertical
slanting or skew

Gerade, Strecke, Strahl

$g(AB)$ ... Gerade durch A und B

AB ... Strecke AB

$\overline{AB}$ ... Länge der Strecke AB

$\overline{AB} = 2$ cm

$\overrightarrow{AB}$ ... Vektor (Pfeil) von A nach B

Strahl mit A als Anfangspunkt

Gleichheit von Strecken

Die Strecken AB und CD sind gleich lang:
$$\overline{AB} = \overline{CD}$$
Beachte:
Der Ausdruck „kongruente Strecken" ist im deutschsprachigen Raum nicht üblich.

Lage von Geraden zueinander

Parallele Geraden (in der Ebene) haben keinen gemeinsamen Schnittpunkt.

identische (zusammenfallende) Geraden

Schneidende Gerade haben genau einen gemeinsamen Punkt P.

Aufeinander normalstehende (senkrechtstehende) Geraden schneiden einander unter einem rechten Winkel, Zeichen $\llcorner$.

Windschiefe Geraden sind nicht parallel und haben auch keinen Schnittpunkt. Sie liegen nicht in derselben Ebene.

Richtungen
horizontal (waagrecht)
vertikal (senkrecht)
schräg (schief)

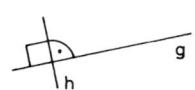

Angles

An angle is formed by two rays (sides) with a common endpoint (vertex).

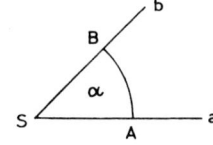

Notation: $\angle ASB$ or $\angle S$ or $\angle \alpha$

Measure: A common unit used to measure angles is the degree (°).

$m \angle ASB$ (measure of angle ASB)
$m \angle ASB = 45°$ or: $m \angle S = 45°$
           or: $\alpha = 45°$

Winkel

Ein Winkel wird von zwei Strahlen (Schenkeln) mit einem gemeinsamen Ausgangspunkt (Scheitel) gebildet.

Schreibweise:
$\sphericalangle ASB = \sphericalangle (a, b) = \alpha$

Maßeinheit: Eine gebräuchliche Einheit zur Winkelmessung ist der Grad (°).

$\sphericalangle ASB = \alpha = 45°$
Üblicherweise wird in der Bezeichnung nicht zwischen dem Winkel und dem Winkelmaß unterschieden.

Equality of angles

Angle A is congruent to angle B:
$\angle A \cong \angle B$
or:
The measure of angle A is equal to the measure of angle B:
$m \angle A = m \angle B$

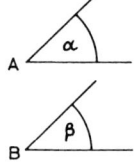

Gleichheit von Winkeln

Der Winkel α ist gleich groß wie der Winkel β:
$\alpha = \beta$
Beachte: Der Ausdruck „kongruente Winkel" ist im deutschsprachigen Raum nicht üblich.

Classification of angles

zero angle	$\alpha = 0°$	Nullwinkel
acute angle	$0° < \alpha < 90°$	spitzer Winkel
right angle	$\alpha = 90°$	rechter Winkel
obtuse angle	$90° < \alpha < 180°$	stumpfer Winkel
straight angle	$\alpha = 180°$	gestreckter Winkel
reflex angle	$180° < \alpha < 360°$	erhabener (überstumpfer) Winkel
complete rotation	$\alpha = 360°$	voller Winkel

Einteilung der Winkel

Pairs of angles

Two angles whose sum is 90° are complementary.

$\alpha + \beta = 90°$

Two angles whose sum is 180° are supplementary.

$\alpha + \beta = 180°$

adjacent angles α, β
(sharing the vertex)

opposite angles α, γ
(sharing the vertex)

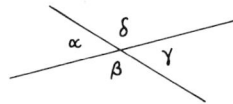

Winkelpaare

Zwei Winkel, die einander zu 90° ergänzen, sind komplementär.

Zwei Winkel, die einander zu 180° ergänzen, sind supplementär.

Nebenwinkel α, β
(gemeinsamer Scheitel)

Scheitelwinkel α, γ
(gemeinsamer Scheitel)

Congruence and Similarity

Kongruenz und Ähnlichkeit

Congruence

Figures having the same shape and the same size.
Triangle *ABC* is congruent to triangle *DEF*.

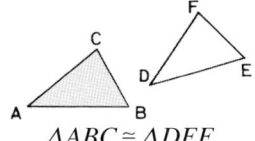

$$\triangle ABC \cong \triangle DEF$$

Kongruenz

Figuren haben gleiche Gestalt und gleiche Größe.
Das Dreieck *ABC* ist kongruent zum Dreieck *DEF*.

Similarity

Figures having the same shape but not the same size.
Triangle *ABC* is similar to triangle *GHI*.

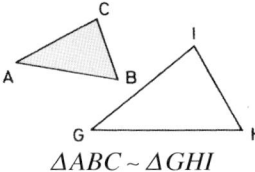

$$\triangle ABC \sim \triangle GHI$$

Ähnlichkeit

Figuren haben gleiche Gestalt, aber nicht die gleiche Größe.
Das Dreieck *ABC* ist ähnlich zum Dreieck *GHI*.

Scale
"one to two hundred"
1 cm is equivalent to 200 cm

1 : 200
1 cm : 200 cm
1 cm ≙ 200 cm

Maßstab
„eins zu zweihundert"
1 cm entspricht 200 cm

Golden section (ratio)

P divides $\overline{AB}$ in the Golden ratio: The length of the whole line segment is to the length of the larger part as the length of the larger part to the length of the smaller.

$$\frac{AB}{AP} = \frac{AP}{PB}$$

Goldener Schnitt

P teilt *AB* nach dem Goldenen Schnitt: Die Länge der gesamten Strecke verhält sich zur Länge des größeren Teilabschnitts wie die Länge des größeren Teilabschnitts zur Länge des kleineren.

Circle

Kreis

A circle is the set of all points in a plane that are the same distance *r* from a given point *O*.

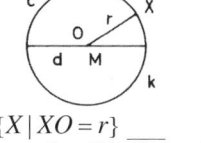

Der Kreis ist die Menge aller Punkte der Ebene, die von einem festen Punkt *M* den gleichen Abstand *r* haben.

c ... circle
O ... center
r ... radius
d ... diameter

$$c = \{X \mid XO = r\}$$
$$k = \{X \mid \overline{XM} = r\}$$

k ... Kreis (Linie)
M ... Mittelpunkt
r ... Radius
d ... Durchmesser

Circumference of a circle (perimeter of a circle)

$$C = 2\pi r \qquad U = 2r\pi$$

Umfang des Kreises

Area of a circle

$$A = \pi r^2$$

Flächeninhalt des Kreises

$\overwidehat{AB}$ ... arc of a circle
$\overline{AB}$ ... chord of a circle
sector of a circle
segment of a circle

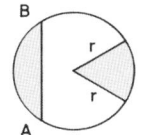

$\overwidehat{AB}$ ... Kreisbogen *b*
$\overline{AB}$ ... Sehne *s*
Kreissektor (Kreisausschnitt)
Kreissegment (Kreisabschnitt)

Concentric circles are circles
which share the same center.

Two concentric circles form an
annulus (ring).

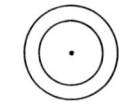

Konzentrische Kreise haben
einen gemeinsamen Mittelpunkt.

Zwei konzentrische Kreise bilden
einen Kreisring.

Circle and line

I   . . . non-intersecting
II . . . tangent (line)
III . . . secant (line)
T . . . tangent point
S_1, S_2 . . . points of intersection
$t \perp r$ The tangent is perpendicular
to radius.

$\overline{S_1 S_2}$ is a chord of the circle

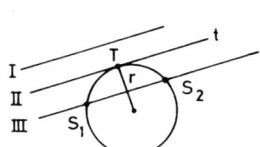

Kreis und Gerade

I   . . . Passante
II . . . Tangente
III . . . Sekante
T . . . Berührungspunkt
S_1, S_2 . . . Schnittpunkte
$t \perp r$ Die Tangente steht normal
(senkrecht) auf dem Berührungs-
radius.

$S_1 S_2$ ist eine Sehne des Kreises

Triangles

Dreiecke

Classification of Triangles

A **scalene triangle** has three sides
of unequal length.

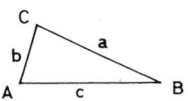

Einteilung der Dreiecke

Ein **ungleichseitiges Dreieck** hat
drei verschieden lange Seiten.

An **isosceles triangle** has two sides
of equal length: $a = b$.
The base angles (which are equal)
are the angles opposite the equal
sides.

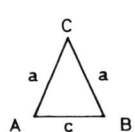

Ein **gleichschenkliges Dreieck** hat
zwei gleich lange Seiten: $a = b$.
Die Basiswinkel (die gleich groß
sind) liegen gegenüber der gleich
langen Seiten (Schenkeln).

An **equilateral triangle** has three
sides of equal length: $a = b = c$ (and
therefore also three equal angles,
equiangular).
The measure of each angle is 60°.

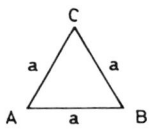

Ein **gleichseitiges Dreieck** hat drei
gleich lange Seiten: $a = b = c$ (und
daher auch drei gleich große
Winkel).
Jeder Winkel beträgt 60°.

An **acute triangle** has three acute
angles.

Ein **spitzwinkliges Dreieck** hat
drei spitze Winkel.

An **obtuse triangle** has one obtuse
angle and two acute angles.

Ein **stumpwinkliges Dreieck** hat
einen stumpfen und zwei spitze
Winkel.

A **right-angled triangle** *(Brit.)* or
a **right triangle** *(Am.)* has one
right angle.
$\overline{AC}, \overline{BC}$ . . . legs or sides
$\overline{AB}$ . . . hypotenuse

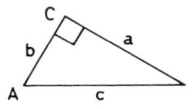

Ein **rechtwinkliges Dreieck** hat
einen rechten Winkel.

$BC = a, \quad AC = b$ . . . Katheten
$AB = c$ . . . Hypotenuse

Pythagorean Theorem

In a right (angled) triangle, the square of the length of the hypotenuse is equal to the sum of the squares of the lengths of the legs.

$$a^2 + b^2 = c^2$$

Pythagoreischer Lehrsatz

In jedem rechtwinkligen Dreieck ist die Summe der Flächeninhalte der Kathetenquadrate gleich dem Flächeninhalt des Hypotenusenquadrats.

Lines and Points in a Triangle

Altitude

a perpendicular line segment from a vertex to the opposite side

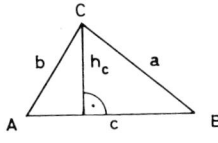

Orthocenter: point of intersection of altitudes

Angle bisector

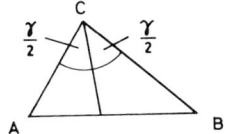

a line segment bisecting an angle of the triangle having its endpoints on the vertex and the opposite side.

Incenter: point of intersection of the angle bisectors
inradius: r

Perpendicular bisector of a side

a line perpendicular to the side at its midpoint

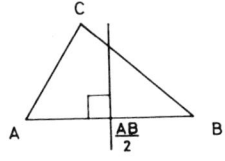

Circumcenter: point of intersection of perpendicular bisector of sides
circumradius: R

Median

a line segment joining the vertex of a triangle to the midpoint of the opposite side

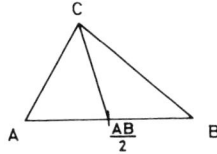

Centroid: point of intersection of medians

Linien und Punkte im Dreieck

Höhe

eine Normale (Senkrechte) auf eine Seite durch den gegenüberliegenden Eckpunkt

Höhenschnittpunkt: Schnittpunkt der Höhenlinien

Winkelsymmetrale (Winkelhalbierende)

eine Gerade, die den Winkel halbiert

Inkreismittelpunkt: Schnittpunkt der Winkelsymmetralen
Inkreisradius: r

Seitensymmetrale (Mittelsenkrechte)

eine Normale durch den Mittelpunkt der Seite

Umkreismittelpunkt: Schnittpunkt der Seitensymmetralen

Umkreisradius: r_u

Schwerlinie (Seitenhalbierende)

eine Strecke, die den Eckpunkt eines Dreiecks mit dem Mittelpunkt der gegenüberliegenden Seite verbindet

Schwerpunkt: Schnittpunkt der Schwerlinien

Quadrilaterals	Vierecke

Classification of Quadrilaterals

Einteilung der Vierecke

Parallelogram

a quadrilateral whose opposite sides are parallel

Parallelogramm

ein Viereck, dessen gegenüberliegende Seiten parallel sind

Rhombus

a parallelogram having four sides of equal length

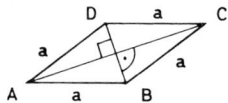

Rhombus (Raute)

ein Parallelogramm mit vier gleich langen Seiten

Rectangle

a parallelogram having four right angles

Rechteck

ein Parallelogramm mit vier rechten Winkeln

Square

a rectangle having four sides of equal length

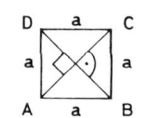

Quadrat

ein Rechteck mit vier gleich langen Seiten

Trapezoid *(Am.)*, trapezium *(Brit.)*

a quadrilateral having only two sides parallel

<u>isosceles</u> trapezoid:
$$AD \cong BC$$
the non-parallel sides are equal

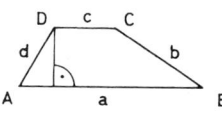

Trapez

ein Viereck mit nur einem Paar paralleler Seiten

gleichschenkliges Trapez:
$$AD = BC$$
die nicht parallelen Seiten sind gleich lang

Kite:

a quadrilateral having two pairs of adjacent sides of equal length

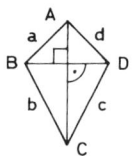

Deltoid (Drachenviereck):

ein Viereck mit zwei Paar gleich langer Nachbarseiten

Polygons

A polygon is a closed plane figure bounded by line segments joined at their endpoints.

Regular Polygon

a polygon all of whose sides and angles are equal (congruent)

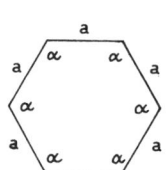

Vielecke (Polygone)

Ein Polygon ist eine ebene Figur mit endlich vielen geradlinigen Begrenzungsstrecken als Seiten.

Regelmäßiges Polygon

ein Polygon mit gleich langen Seiten und gleich großen Innenwinkeln

Geometric solids		Geometrische Körper

Fundamentals

Rectangular Solid

Grundbegriffe

Quader

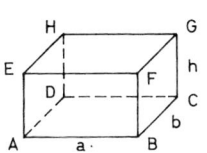

A rectangular solid is a six-sided prism whose faces are all rectangles.

Ein Quader ist ein Prisma, das von sechs Rechtecken begrenzt wird.

skew projection of a rectangular solid

Schrägriss eines Quaders

vertices	$A, B, C, \ldots$	Eckpunkte
edges:		Seitenkanten:
length	$\overline{AB} = a = AB$	Länge
width	$\overline{BC} = b = BC$	Breite
height	$\overline{AE} = h = AE$	Höhe
faces	$\square\,ABCD,\; \square\,BCGF, \ldots$	Flächen
diagonal of the base	$\overline{AC} = d = AC$	Diagonale der Grundfläche (Flächendiagonale)
diagonal of the solid	$\overline{AG} = d$ $AG = d_r$	Raumdiagonale

The two bases are congruent rectangles.

Grundfläche und Deckfläche sind kongruente Rechtecke.

The lateral faces form the lateral area. Two opposite faces are congruent rectangles.

Die Seitenflächen bilden den Mantel (die Mantelfläche). Je zwei gegenüberliegende Seitenflächen sind kongruente Rechtecke.

Formulas

Formeln

base	$B = ab = G$	Grundfläche
lateral area	$LA = 2ah + 2bh = M$	Mantelfläche
surface area	$SA = 2B + LA$	
	$O = 2G + M$	Oberfläche
volume	$V = abh$	Volumen

Classification of solids

(right) Prism

Einteilung der Körper

(gerades) Prisma

a solid figure with plane faces. Its bases are bounded by any congruent polygons and its lateral faces are bounded by rectangles.

ein (geometrischer) Körper, der von ebenen Flächen begrenzt wird. Grund- und Deckfläche sind kongruente Vielecke, die Seitenflächen sind Rechtecke.

$h \ldots$ height

$h \ldots$ Höhe

Cube

Würfel

a special prism. Its faces are congruent squares.

ein spezielles Prisma. Alle Flächen sind Quadrate.

Oblique prism (Parallelepiped)

a prism whose lateral edges are not perpendicular to the base, the lateral faces are parallelograms.

Schiefes Prisma (Parallel-epiped)

Seitenkanten stehen nicht normal auf der Grundfläche, Seitenflächen sind Parallelogramme.

(right, circular) Cylinder

a solid figure whose bases are bounded by congruent circles. The lateral area is curved.

r ... radius
h ... height

(gerader Kreis-)Zylinder

ein (geometrischer) Körper, dessen Grundfläche und Deckfläche kongruente Kreise sind. Der Mantel ist eine gekrümmte Fläche.

r ... Radius
h ... Höhe

(right) Pyramid

a solid figure with plane faces. Its base is bounded by any polygon. The pyramid has a vertex. The lateral area is bounded by isosceles triangles.

(gerade) Pyramide

ein (geometrischer) Körper mit ebenen Flächen. Die Grundfläche ist ein beliebiges Vieleck. Die Pyramide hat eine Spitze. Die Mantelfläche besteht aus gleichschenkligen Dreiecken.

Square pyramid

S ... vertex
$\overline{AB}$ ... base edge a
$\overline{AS}$ ... lateral edge
$\overline{MS}$ ... height h
$\overline{ES}$ ... slant height s

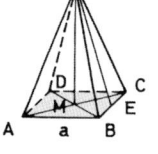

Quadratische Pyramide

S ... Spitze
$\overline{AB}$ ... Grundkante a
$\overline{AS}$ ... Seitenkante s
$\overline{MS}$ ... Körperhöhe h
$\overline{ES}$ ... Höhe der Seitenfläche h_a

(right circular) Cone

a solid figure whose base is bounded by a circle. The right cone has a vertex directly above the center of its base. The lateral area is curved.

S ... vertex
r ... radius
h ... height
s ... slant height

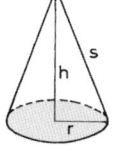

(gerader Kreis-)Kegel

ein (geometrischer) Körper, dessen Grundfläche ein Kreis ist. Der gerade Kegel hat eine Spitze, die sich genau über dem Mittelpunkt des Grundkreises befindet. Der Mantel ist eine gekrümmte Fläche.

S ... Spitze
r ... Radius
h ... Höhe
s ... Mantellinie

Sphere

a solid figure formed by all points with the same distance r from a point O that is the center of the sphere.

O ... center
r ... radius

Kugel

ein (geometrischer) Körper, der gebildet wird von der Menge aller Punkte, die von einem festen Punkt M den gleichen Abstand r haben.

M ... Mittelpunkt
r ... Radius

Calculation with Vectors		**Vektorrechnung**

A vector is a quantity that has both magnitude and direction.

Ein Vektor ist eine Größe, die durch Betrag und Richtung bestimmt ist.

Denotation: $\vec{AB} = \vec{a}$

Schreibweise: $\vec{AB} = \vec{a} = \mathfrak{v}$

Absolute value of the vector (length of an arrow)

$|\vec{AB}|$

Betrag des Vektors (Länge eines Pfeils)

Vector Addition

Vektoraddition

If $\vec{OA} = \vec{a}$ and $\vec{OB} = \vec{b}$ represent two vector quantities acting at the same point, then $\vec{OC} = \vec{c}$ is their sum ($\vec{c}$ is the resultant; parallelogram rule).

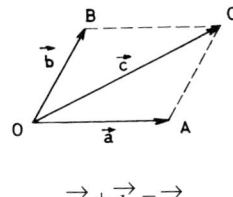

$$\vec{a} + \vec{b} = \vec{c}$$

Sind $\vec{OA} = \vec{a}$ und $\vec{OB} = \vec{b}$ von einem Punkt ausgehende Pfeile, die zwei Vektoren repräsentieren, dann ist $\vec{OC} = \vec{c}$ ihre Summe ($\vec{c}$ ist die Resultierende; Parallelogrammregel).

Vector Subtraction (addition of the inverse vector)

Vektorsubtraktion (Addition des Gegenvektors)

Multiplication of a vector by a scalar ($\vec{a}, \vec{b} \in V, \lambda \in \mathbb{R}$)

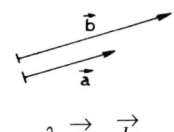

$\vec{a}$ and $\vec{b}$ are linear dependent (collinear).

$$\lambda \cdot \vec{a} = \vec{b}$$

Multiplikation eines Vektors mit einem Skalar ($\vec{a}, \vec{b} \in V, \lambda \in \mathbb{R}$)

$\vec{a}$ und $\vec{b}$ sind linear abhängig (kollinear).

Scalar Product (dot product, inner product) of two vectors that is a scalar. The scalar is equal to the arithmetic product of the magnitudes of the two vectors and the cosine of the angle between their directions.

$$\vec{a} \cdot \vec{b} = \lambda$$

Skalarprodukt (inneres Produkt) von zwei Vektoren ist eine Zahl (Skalar). Sie ist gleich dem Produkt der Beträge der Vektoren und dem Kosinus des von den Vektoren eingeschlossenen Winkels.

Condition of orthogonality

$$\vec{a} \cdot \vec{b} = 0 \implies \vec{a} \perp \vec{b}$$

Orthogonalitätsbedingung

Vector Product (outer product, cross product) of two vectors that is itself a vector being perpendicular to each of the two given vectors.

$$\vec{a} \times \vec{b} = \vec{c}$$
$$\vec{c} \perp \vec{a}$$
$$\vec{c} \perp \vec{b}$$

Vektorprodukt (äußeres Produkt, Kreuzprodukt) von zwei Vektoren ist wieder ein Vektor, der auf die beiden gegebenen Vektoren normal steht.

Trigonometry

The trigonometric functions
defined on a right-angled triangle:

Sine (abbreviated sin) that is equal to the ratio of the side opposite the given angle to the hypotenuse.

Shorter:

$$\sin \angle A = \frac{\text{opposite}}{\text{hypotenuse}} = \frac{a}{c}$$

$$\cos \angle A = \frac{\text{adjacent}}{\text{hypotenuse}} = \frac{b}{c}$$

$$\tan \angle A = \frac{\text{opposite}}{\text{adjacent}} = \frac{a}{b}$$

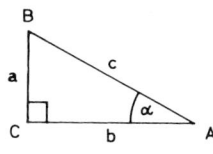

The trigonometric functions
defined at the unit circle ($r = 1$):

Coordinates of the unit vector $\overrightarrow{OP}$:

$\cos \alpha$ is the abscissa of the unit vector
$\sin \alpha$ is the ordinate of the unit vector

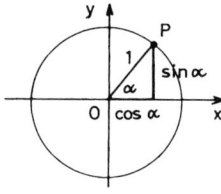

$$\overrightarrow{OP} = \begin{pmatrix} \cos \alpha \\ \sin \alpha \end{pmatrix}$$

Laws in general triangles

Law of Sines
The sides of a triangle are proportional to the sines of the opposite angles:
$$a:b:c = \sin \angle A : \sin \angle B : \sin \angle C$$

Law of Cosines
is the generalization of the Pythagorean theorem for angles others than 90°:
$$c^2 = a^2 + b^2 - 2\,a\,b \cos \angle C$$

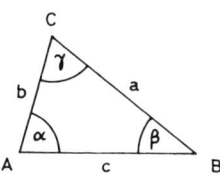

Trigonometrie

Die trigonometrischen Funktionen definiert am rechtwinkligen Dreieck:

Sinus (abgekürzt sin) ist gleich dem Verhältnis der dem gegebenen Winkel gegenüberliegenden Seite zur Hypotenuse.

Kürzer:

$$\sin \alpha = \frac{\text{Gegenkathete}}{\text{Hypotenuse}} = \frac{a}{c}$$

$$\cos \alpha = \frac{\text{Ankathete}}{\text{Hypotenuse}} = \frac{b}{c}$$

$$\tan \alpha = \frac{\text{Gegenkathete}}{\text{Ankathete}} = \frac{a}{b}$$

Die trigonometrischen Funktionen definiert am Einheitskreis ($r = 1$):

Koordinaten des Einheitsvektors $\overrightarrow{OP}$:

$\cos \alpha$ ist die Abszisse des Einheitsvektors
$\sin \alpha$ ist die Ordinate des Einheitsvektors

Lehrsätze im allgemeinen Dreieck

Sinussatz
Die Seiten eines Dreiecks sind proportional zu den Sinuswerten der gegenüberliegenden Winkel:
$$a:b:c = \sin \alpha : \sin \beta : \sin \gamma$$

Kosinussatz
ist eine Verallgemeinerung des pythagoreischen Lehrsatzes, wenn kein Innenwinkel 90° ist:
$$c^2 = a^2 + b^2 - 2\,a\,b \cos \gamma$$

# Analytic Geometry	# Analytische Geometrie

(Coordinate geometry)

(Koordinatengeometrie)

Cartesian coordinate system

Kartesisches Koordinatensystem

x-axis, y-axis

x-Achse, y-Achse

O is the origin

O ist der Koordinatenursprung (Nullpunkt)

(a, b) are the cartesian plane coordinates of point P.

(a, b) sind die kartesischen Koordinaten des Punktes P im $\mathbb{R}^2$.

Line in two dimensions

Gerade in der Ebene

Slope-intercept-form: $y = mx + b$ where m is the slope, and b is the y-intercept of the line.

Punkt-Richtungform: $y = kx + d$ wobei k die Steigung und d der Abschnitt auf der y-Achse ist.

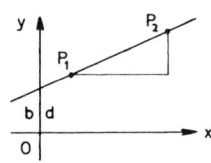

For the two points $P_1 (x_1, y_1)$ and $P_2 (x_2, y_2)$ the slope m of the line is the quotient of the differences of the y-coordinates and the x-coordinates.

$$m = \frac{y_2 - y_1}{x_2 - x_1} = k$$

Für die zwei Punkte $P_1 (x_1, y_1)$ und $P_2 (x_2, y_2)$ ist die Steigung k der Geraden der Differenzenquotient der y- und der x-Koordinaten.

Conic sections

Kegelschnittlinien

They are formed by intersection of a right circular (double) cone and a plane.

Sie entstehen durch einen Schnitt eines (Doppel-)Kegels mit einer Ebene.

Circle

Kreis

A circle is the intersection of a cone with a plane perpendicular to its axis.

Ein Kreis entsteht durch den Schnitt eines Kegels mit einer Ebene, die normal zur Kegelachse verläuft.

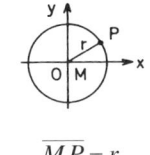

For any point P of the circumference the distance to the center is constant.

$$\overline{MP} = r$$

Für jeden Punkt P des Kreises gilt: Der Abstand zum Mittelpunkt ist konstant.

Ellipse

Ellipse

An ellipse is the intersection of a cone and a plane oblique to the axis, but not parallel to an element of the cone.

Eine Ellipse entsteht durch den Schnitt eines Kegels mit einer Ebene, die schräg zur Kegelachse, aber nicht parallel zur Mantellinie, verläuft.

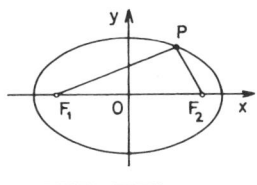

For any point P of the ellipse the sum of the distances to two fix points (foci) is constant.

$$\overline{F_1 P} + \overline{F_2 P} = 2a$$

Für jeden Punkt P der Ellipse gilt: Die Summe der Abstände zu zwei festen Punkten (den Brennpunkten) ist konstant.

Hyperbola

A hyperbola is the intersection of a double cone and a plane parallel to the axis of the cone. It consists of two branches.

For any point P of the hyperbola the absolute value of the difference of the distances to two fix points (foci) is constant.

Parabola

A parabola is the intersection of cone and a plane parallel to an element of the cone.

For any point P of the parabola is the distances to a given line (directrix) and a given point (focus) are equal.

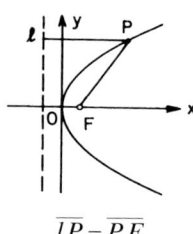

$$|\overline{F_1P} - \overline{F_2P}| = 2a$$

$$\overline{lP} = \overline{PF}$$

Hyperbel

Eine Hyperbel entsteht durch den Schnitt eines Doppelkegels mit einer Ebene, die parallel zur Kegelachse verläuft. Sie besteht aus zwei Ästen.

Für jeden Punkt P der Hyperbel gilt: Der Betrag der Differenz der Abstände zu zwei festen Punkten (den Brennpunkten) ist konstant.

Parabel

Eine Parabel entsteht durch den Schnitt eines Kegels mit einer Ebene, die parallel zu einer Mantellinie des Kegels verläuft.

Für jeden Punkt P der Parabel gilt: Die Abstände zu einer gegebenen Geraden (Leitlinie) und zu einem festen Punkt (dem Brennpunkt) sind gleich.

Anhang

Weights and Measures

Linear Measure

1 inch (in) = 2,54 cm
1 foot (ft) = 12 inches = 30,48 cm
1 yard (yd) = 3 feet = 0,9144 m
1 mile = 5 280 feet = 1 760 yards
            = 1,609344 km

Square Measure

1 square inch (in^2) = 6,4516 cm^2
1 square foot (ft^2) = 929,0304 cm^2
1 square yard (yd^2) = 0,83612736 m^2
1 acre = 4 840 square yards
     = 0,4046856 ha
1 square mile = 640 acres
            = 2,589988 km^2

British Liquid Measure

1 liquid pint (liq pt) = 0,5682612 litre
1 quart (qt) = 2 liq pints = 1,1365224 litre
1 gallon (gal) = 4 quarts = 4,5460896 litre
1 fluid ounce (fl oz) = 28,41306 cm^3

American Liquid Measure

1 liquid pint (liq pt) = 0,4731765 litre
1 quart (qt) = 2 liq pints = 0,9463530 litre
1 gallon (gal) = 4 quarts = 3,785412 litre
1 fluid ounce (fl oz) = 29,57353 cm^3

Weights

1 ounce (oz) = 28,34952 g
1 pound (lb) = 16 ounces
         = 453,59237 g
1 ton *(Am.)* = 907,1847 kg = 0,9071847 t
1 ton *(Brit.)* = 1016,047 kg = 1,016047 t

Maße und Gewichte

Längenmaße

1 cm = 0,3937 inches
1 dm = 3,9370 inches
1 m = 1,094 yards = 3,28084 feet
1 km = 0,621504 miles

Flächenmaße

1 cm^2 = 0,1550003 square inches
1 dm^2 = 0,10764 square feet
1 m^2 = 1,19599 square yards
1 ha = 2,4710541 acres

1 km^2 = 247,11 acres = 0,3861022 square miles

Britische Hohlmaße

1 Liter = 1,7597541 liquid pints
1 Liter = 0,8798771 quarts
1 Liter = 0,2199693 gallons

Amerikanische Hohlmaße

1 Liter = 2,1133763 liquid pints
1 Liter = 1,0566357 quarts
1 Liter = 0,264172 gallons

Gewichte

1 g = 0,035274 ounces
1 kg = 2,2046 pounds

1 t = 1,1023114 tons *(Am.)*
1 t = 0,9842064 tons *(Brit.)*

Temperature Conversion

Celsius to Fahrenheit

Multiply the number of Celsius degrees by $\frac{9}{5}$ and add 32:

$$t_{°F} = \frac{9}{5}\, t_{°C} + 32$$

Fahrenheit to Celsius

Subtract 32 from the number of Fahrenheit

degrees and multiply by $\frac{5}{9}$:

$$t_{°C} = (t_{°F} - 32) \cdot \frac{5}{9}$$

Temperaturumrechnung

Celsius in Fahrenheit

Multipliziere die Grad Celsius mit $\frac{9}{5}$ und addiere 32:

$$t_{°F} = \frac{9}{5}\, t_{°C} + 32$$

Fahrenheit in Celsius

Subtrahiere 32 von den Grad Fahrenheit und

multipliziere mit $\frac{5}{9}$:

$$t_{°C} = (t_{°F} - 32) \cdot \frac{5}{9}$$

°C (Celsius)	− 20	− 17,8	− 10	**0**	10	20	40	60	80	100
°F (Fahrenheit)	− 4	0	14	**32**	50	68	104	140	176	212

Zahlwörter

Cardinal Numbers *Grundzahlen*

0 nought, null, zero *null*
1 one *eins*
2 two *zwei*
3 three *drei*
4 four *vier*
5 five *fünf*
6 six *sechs*
7 seven *sieben*
8 eight *acht*
9 nine *neun*
10 ten *zehn*
11 eleven *elf*
12 twelve *zwölf*
13 thirteen *dreizehn*
14 fourteen *vierzehn*
15 fifteen *fünfzehn*
16 sixteen *sechzehn*
17 seventeen *siebzehn*
18 eighteen *achtzehn*
19 nineteen *neunzehn*
20 twenty *zwanzig*
21 twenty-one *einundzwanzig*
22 twenty-two *zweiundzwanzig*
23 twenty-three *dreiundzwanzig*
30 thirty *dreißig*
31 thirty-one *einunddreißig*
40 forty *vierzig*
50 fifty *fünfzig*
60 sixty *sechzig*
70 seventy *siebzig*
80 eighty *achtzig*
90 ninety *neunzig*
100 a (one) hundred *hundert*
101 hundred and one *hundert(und)eins*
200 two hundred *zweihundert*
1000 a (one) thousand *(ein)tausend*
2000 two thousand *zweitausend*
1 000 000 a (one) million *eine Million*
2 000 000 two million *zwei Millionen*

Ordinal Numbers *Ordnungszahlen*

1. first *erste*
2. second *zweite*
3. third *dritte*
4. fourth *vierte*
5. fifth *fünfte*
6. sixth *sechste*
7. seventh *siebente*
8. eighth *achte*
9. ninth *neunte*
10. tenth *zehnte*
11. eleventh *elfte*
12. twelvth *zwölfte*
13. thirteenth *dreizehnte*
14. fourteenth *vierzehnte*
15. fifteenth *fünfzehnte*
16. sixteenth *sechzehnte*
17. seventeenth *siebzehnte*
18. eighteenth *achtzehnte*
19. nineteenth *neunzehnte*
20. twentieth *zwanzigste*
21. twenty-first *einundzwanzigste*
22. twenty-second *zweiundzwanzigste*
23. twenty-third *dreiundzwanzigste*
30. thirtieth *dreißigste*
31. thirty-first *einunddreißigste*
40. fortieth *vierzigste*
50. fiftieth *fünfzigste*
60. sixtieth *sechzigste*
70. seventieth *siebzigste*
80. eightieth *achtzigste*
90. ninetieth *neunzigste*
100. (one) hundredth *hundertste*
101. hundred and first *hundertunderste*
200. two hundredth *zweihundertste*
1000. (one) thousandth *tausendste*
2000. two thousandth *zweitausendste*
1 000 000. millionth *millionste*
2 000 000. two millionth *zweimillionste*

1 000 000 000 a (one) billion *(Am.)*, a (one) milliard *(Brit.)* *eine Milliarde*